Rakkaus on vastaus

Swamini Krishnamrita Prana

Mata Amritanandamayi Center, San Ramon
Kalifornia, Yhdysvallat

Rakkaus on vastaus
Swamini Krishnamrita Prana

Julkaisija:
   Mata Amritanandamayi Center
   P.O. Box 613
   San Ramon, CA 94583
   Yhdysvallat

———————— *Love is the Answer (Finnish)* ————————

Ensimmäinen painos: huhtikuu 2016

Suomessa: www.amma.fi

Intiassa:
   inform@amritapuri.org
   www.amritapuri.org

Sisällysluettelo

Aiheena on tänä yönä rakkaus.

Ja myös huomenyönä.

Itse asiassa, en tiedä parempaa

aihetta josta keskustella, kunnes

me kaikki kuolemme.

— Hafiz

Luku 1

Puhtaan rakkauden ruumiillistuma

"Kun ymmärrät, miten täydellistä kaikki on, taivutat pääsi taakse ja naurat taivaalle."

– Buddha

Amma pyytää usein, ettemme sanoisi, "Rakastan sinua." Sen sijaan meidän tulisi sanoa, "Olen rakkaus." Tämä on hänen opetuksiensa oleellisin asia, mutta mitä oikeastaan tarkoittaa olla rakkaus? Rakkauden käsitettä on mahdotonta todella ymmärtää sanoin, mutta jos annamme viattomuuden ja myötätunnon täyttää sydämemme, voimme kokea sen. Jos katsomme Ammaa nöyränä ja avoimin sydämin, on mahdollista virittäytyä suoraan hänen sanomansa ytimeen.

Kun sydämessämme on aitoa rakkautta, ei ole erillisyyttä, kaikesta tulee yksinkertaisesti yhtä. Etsimme kaikki tällaista rakkautta, mutta se ei olekaan niin kaukana; tarkemmin sanottuna se odottaa kärsivällisesti meistä jokaisen sisällä. Olemme olemassa rakkaudeksi tulemista varten, mutta meillä on taipumus käyttää niin paljon aikaa etsien itsemme ulkopuolelta, tavoitellen kaikkea muuta löytämättä ikinä lopullista täyttymystä. Tämän sijaan Amma kehottaa meitä päästämään irti negatiivisuuksistamme ja yhtymään aitoon rakkauteen, joka on lukittuna sydämeemme. Tämä on teoriassa yksinkertaista, mutta erittäin vaikeaa toteuttaa.

Amma on kuin hyvyyttä tulviva joki. Hänen suuruutensa ei ole ainoastaan jumaltietoisuuden lopullisen tilan saavuttamisessa, vaan hän menee myös tuon tilan toiselle puolen, eläen ehdottoman myötätunnon elämää. Äidin luonto on yksinkertaisesti ilmaista rakkautta.

Muistan kuinka eräänä päivänä Amma kääntyi autossa puoleeni ja silitti olkapäätäni suurella kiintymyksellä. Aivan kuin hän olisi sanonut, "Haluan sinun vain tietävän, kuinka paljon rakastan sinua." Muistan hänen tehneen tämän ilman mitään syytä; joskus hän vain pursuaa hellyyttä – hän ei voi sille mitään. Erään toisen kerran hän kutsui minut luokseen ja alkoi puhua jostakin. Hetken kuluttua hän sanoi, "Voit mennä nyt. En ollut nähnyt kasvojasi muutamaan päivään, joten halusin vain nähdä sinut." Amma haluaa tehdä kaikki onnellisiksi tavalla tai toisella. Siksi en ole koskaan yrittänyt vaatia häneltä huomiota, sillä tiedän Amman antavan kaiken, mitä todella tarvitsen.

Kun rakkauden alulle paneva voima täyttää sydämemme, se vuotaa ylitse myötätunnon muodossa. Olen kuullut Amman sanovan useaan otteeseen, "Minun tieni ei ole mokshan (valaistumisen) tie. Minun tieni on rakastaa ja palvella maailmaa."

Hämmennyin kuullessani tämän ensimmäisiä kertoja. Ajattelin, 'Kuinka voin kertoa tästä kenellekään? He pettyvät, koska kaikki ajattelevat mokshan olevan elämän päämäärä.' Sitten kuulin sanoman toisen osan.

"Sannyasin (vihityn nunnan tai munkin) henkinen tie on unohtaa oma vapautumisensa. Hänen tulisi olla valmis menemään alas helvettiin nostaakseen kaikki muut seltä ylös, unohtaen itsensä." Ymmärsin silloin hänen puhuvan kaikkein korkeimmasta ihanteesta, jota kohti voimme pyrkiä: käytännön myötätunnosta.

Tavoitteenamme ei tulisi olla henkisten harjoitusten tekeminen oman vapautumisemme tähden, vaan pikemminkin maailman rakastaminen ja palveleminen, sillä se on kaikista ylevin polku. Sen sijaan, että rukoilisimme, 'Anna minulle vapautus tästä,' meidän tulisi rukoilla, 'Auta minua hyväksymään Jumalan tahto ja palvelemaan maailmaa jollain tavalla.'

Myötätunto on oma todellinen luontomme. Valitettavasti useimmilla ihmisillä se on syvällä sisimmässä, uinumassa ja tavoittamattomissa, kaikenlaisen moskan peitossa. Jos haluamme herättää rakkauden todellisen luonnon sisällämme, ottamisen ei pitäisi olla ainoa tavoitteemme elämässä; meidän tulee oppia myös antamaan. Sen sijaan, että keskitymme vastaanottamiseen, meidän tulisi pyrkiä antamaan myötätuntoa toisille aina kun voimme. Jos haluamme tulla kehittyneiksi ihmisiksi, meidän tulee ymmärtää kaikkia ja olla myötätuntoisia kaikkia kohtaan, auttaen muita millä tavoin vain voimme. Myötätunto on Amman filosofia. Hän harjoittaa rakkautta ja myötätuntoa jokaista kohtaan ja opettaa meitä omalla päivittäisellä esimerkillään.

Ihmisillä ei ole mitään käsitystä siitä, miten paljon Amma vilpittömästi haluaa tehdä meidät onnellisiksi. Hänen tavoitteensa on poistaa hädässä olevien kärsimys. Amman jokainen teko on todellista sevaa, palvelua myötätunnon tähden.

Amma elää äärimmäisen vaatimatonta elämää, mutta se on rakkaudesta syntynyttä vaatimattomuutta. Hän laittaa aina muiden tarpeet omiensa edelle. Hän ei syö ennen kuin on palvellut muita. Useimpien ihmisten syödessä ainakin kaksi tai kolme ateriaa päivässä, Amma syö vain yhden, jos ollenkaan. Hän ei ikinä syö aamiaista ja aloittaa darshanin (perinteisesti tämä tarkoittaa 'näkyä' pyhimyksestä, mutta Amma siunaa ihmisiä halauksen kautta) kymmenen tai yhdentoista aikaan aamulla. Hän paastoaa koko päivän ja läpi yön, syöden vasta palattuaan huoneeseensa darshanin antamisen jälkeen, ashramissa tämä on usein puolenyön jälkeen. Amman kiertueilla ohjelmat päättyvät yleensä kolmen tai neljän aikaan aamuyöllä, joskus myöhemminkin. Silti hän pitäytyy paastossaan.

Amma nukkuu harvoin enempää kuin muutaman tunnin yössä ja on monia öitä, jolloin hän ei yksinkertaisesti nuku lainkaan. Hän käyttää jokaisen valveilla olon hetkensä keskittyen siihen miten voi palvella, ilmaisi hän sen sitten syleilemällä ihmisiä, lukemalla tuhansia päivittäin saamiaan kirjeitä, ohjaamalla henkilökohtaisesti lukemattomia perustamiaan hyväntekeväisyysprojekteja; sairaaloita, orpokoteja ja kouluja, tai ohjeistamalla oppilaitaan ja vastaamalla heidän kysymyksiinsä. Amma on kuunnellut kirjaimellisesti miljoonien ihmisten huolia ja ollut heistä jokaisen tavoitettavissa kaikin mahdollisin tavoin. Hän on aina seurannut dharmista (oikeudenmukaista) uhrautumisen ja rakkauden innoittamaa palvelun polkua.

Hänen koko elämäntapansa on yksinkertaisesti sanottuna antaminen.

Amma palvoo jokaista luokseen tulevaa henkilöä, ei toisinpäin. Jotkut ovat virheellisesti uskoneet Amman haluavan tulla palvotuksi, mutta se on kaukana totuudesta ja melkein

12

naurettavaa, kun ajattelee miten hän elää elämäänsä. On korkeimman asteista uhrautumista olla läsnä yleisölle tuntikausia päivittäin, huolimatta siitä, miltä hänestä itsestään saattaa tuntua.

Ihmisjoukot koskevat Ammaa ja tarttuvat häneen joka päivä, ja hän ei voi pitää ruokailu tai wc-taukoja koko päivänä, aina yöhön saakka. Tämä vaikuttaisi useimpien mielestä enemmänkin kauhistuttavalta rangaistukselta. Samojen valitusten, kysymysten ja pyyntöjen kuunteleminen toistuvasti satoja kertoja päivittäin saisi meidät varmasti menettämään järkemme. Silti Amma antaa itsensä rakastaen ja iloiten kaikille, jotka lähestyvät häntä ja on tehnyt niin tauotta viimeiset neljäkymmentäviisi vuotta.

Amma ilmentää todellista Jumalan palvontaa. Hän näkee Jumalan jokaisessa meistä ja palvoo Jumalaa palvelutyön, myötätunnon ja empatian kautta. Puhtaan, aidon rakkauden voimasta hän jatkuvasti antaa itsestään ja saa aikaan yli-inhimillisiä tekoja.

Et löydä nykypäivän maailmasta toista Amman kaltaista mahatmaa (suurta sielua).

Historiassa ei ole koskaan ollut ketään, joka olisi antanut enemmän rakkautta, armoa ja myötätuntoa maailmalle kuin hän. Hän on jumalallisuuden perusolemus yhdessä paketissa. Miten pitkälle taaksepäin katsotkaan, yksikään henkinen opettaja ei ole koskaan huokunut niin paljon viisautta, iloa ja naurua.

Amma näyttää maailmalle mitä voi saada aikaiseksi, kun on asettanut Jumalan sydämeensä. Hän sanoo, "Sinulla on rakkautta sisälläsi; sinun tulee vain muuttaa asenteesi. Et ole kuin valopylväs; olet pikemminkin kuin muuntaja, joka voi luoda valtavan määrän sähköä. Et ole kuin kynttilä, joka pitää sytyttää, vaan kuin itsevalaiseva aurinko."

Amma muistuttaa meitä jatkuvasti siitä, että meidänkin sisällämme on puhtaan rakkauden jumalainen kipinä odottamassa tilaisuutta sytyttää ja muuttaa meidät. Meidän tulee vain jatkaa siihen puhaltamista niin siitä tulee kuin valtava kokko, joka tuhoaa negatiivisuutemme ja tuo valoa maailmaan.

14

Luku 2

Epäitsekkyyden kulttuuri

"Tärkeitä eivät ole suuret teot, vaan suuri rakkaus. Pyhyys on jokapäiväinen asia."

— Saint Therese of Lisieux

Amma toteaa ajoittain hänen äitinsä olleen hänen gurunsa. Hän on usein kertonut meille äitinsä olleen esimerkkinä rakkauden ja palvelun perinteisistä arvoista. Amma on sanonut, "Sanon, että teidän tulisi rakastaa toisianne kuin itseänne, mutta Damayanti Amma näytti sen teoissaan."

Amman ollessa lapsi, kyläläiset eivät sytyttäneet tulitikkua tai lamppua jokaisessa talossa. Lamppu sytytettiin yhdessä talossa ja sitten mentiin kookoksenkuoren ja sydänlangan kanssa hakemaan tuli omaan kotiin. Amman äiti opetti hänelle, että kun hän menisi toiseen talon hakemaan tulta, hänen tulisi tarkistaa tarvitsivatko he apua missään. Jos astiat olisivat likaisia, hän pesisi ne ensin, lakaisisi lattian ja auttaisi heitä kaikin mahdollisin tavoin. Vasta sitten hän ottaisi tulen, ei ennen. Opettaessaan Ammaa näin, hän oli esimerkkinä kylässä vallitsevista ja Amman kasvatusta sävyttävistä arvoista.

Amman kylän elinkeinon lähteenä oli kalastus, mutta he eivät ottaneet osaa työnantaja-työntekijä järjestelmään. Heidän taloudellinen rakenteensa oli sen sijaan rakennettu yhteisöllisen tuen ja jakamisen varaan. He pitivät huolta toisistaan, jopa henkilökohtaisen voiton ja tuoton kustannuksella. Yhteistyötä arvostettiin aina enemmän kuin kilpailua. Työhön ja rahaan liittyvät arvot olivat paljon enemmän yhteisöllisiä Amman ollessa lapsi, kuin mitä ne ovat tänä päivänä.

Kylässä, jossa Amman perhe asui, useimmat miehet olivat kalastajia. Kun he palasivat mereltä saaliineen, he myivät kalat ja antoivat pois 75 prosenttia voitosta, jakaen sen tasan kaikkien kanssa, jotka olivat auttaneet. He laittoivat

myös jotain sivuun kylän vanhuksille ja les-
kille, jotka eivät voineet huolehtia itsestään.
Tarpeessa olevien ei tarvinnut pyytää mitään,
sillä heille annettiin aina jotain. Ylimääräiset
kolikot jaettiin lapsille, jotta he voisivat ostaa
herkkuja.

Tämä jakamisen asenne oli osa kylän elä-
mää. Vaikka Amman isä ei olisi saanut lainkaan
saalista, hänen äitinsä laittoi silti lautasellisen
ruokaa sivuun naapureita varten siltä varalta,
ettei heillä ollut mitään ruokaa. Hänen per-
heensä venytti sitäkin vähää mitä heillä oli,
jotta lähistön lapset eivät näkisi nälkää.

Tapana oli, että ihmisten vieraillessa tois-
tensa kodeissa, heille tarjottiin aina ruokaa.
Tämän vuoksi varmistettiin, ettei kenenkään
kotiin menty ennen kuin oltiin varmoja, että
jokainen perheenjäsenistä oli syönyt. He tiesivät
isännän haluavan ehdottomasti ruokkia heitä,
eivätkä halunneet olla vaivaksi kenellekään, jos
ruokaa ei olisikaan tarpeeksi. Kyläläiset ajat-
telivat aina toisiaan ennen itseään; tällainen
tapa elää oli sisäistetty heihin. Amma sanoo,
että tämä rakastava perusta piti perheitä ja
yhteisöjä yhdessä.

Häiden tai juhlien aikaan ihmiset tarjosivat melko vapaasti parhaita vaatteitaan muiden käyttöön. Jos yhdessä kodissa oli häät, kaikki naapurit antoivat jonkin verran rahaa auttaakseen. Lahjoitukset merkittiin kirjaan ja palveluksiin vastattiin myöhemmin. Kukaan ei hamstrannut, sillä ihmiset elivät todella nykyhetkessä. Kyläläiset eivät ajatelleet rahan säästämistä tulevaisuutta varten. Heillä ei ollut koskaan pankkitilejä, vaan he elivät vain päivästä päivään. Tämä järjestelmä toimi, sillä kyläläiset olivat valmiita pitämään huolta toisistaan.

Amman ollessa nuori hänen perheensä ja kylän yhteisö huokuivat aitoa rakkautta. Amman lapsuus oli täynnä yksinkertaisuutta ja viattomuutta. Lasten leikkiessä kaikki katsoivat heidän peräänsä. Ihmiset eivät ajatelleet kuten saattavat nykyään, "Nämä eivät ole minun lapsiani eivätkä minun vastuullani. Lapsesi ovat oma vastuusi." Sen sijaan heitä ruokkivat ja heidän peräänsä katsoivat kaikki kylän aikuiset. Amman sisaret ja kaikki kylän lapset juoksivat yhdessä, leikkivät yhdessä, kiipesivät mangopuihin ja uivat takavesissä. Jokainen päivä oli kuin suurta juhlaa ja perheenjäsenten ja kyläläisten välillä oli hyvin paljon läheisyyttä.

Materiaalisen menestyksen suhteen heillä ei ollut paljoa, mutta rakkauden runsaus oli valtava. Lapsena Amma sai vain kaksi vaatekertaa vuodessa, yhden Onam-juhlan aikaan ja toisen kouluvuoden alkaessa. Hänellä oli vain kaksi vaatekertaa koko vuodeksi.

Vastikään jutellessaan vieressään seisovan pojan kanssa darshanin aikana, Amma antoi tälle satsangin (henkisen puheen) köyhyydestä. Amma väitti, että vaikka poika asuikin Intiassa, hänellä ei ollut mitään käsitystä useimpien ihmisten ponnisteluista, sillä hän eli niin ylellisesti. Amma jatkoi, ettei hänellä itsellään ollut nuoruudessa leluja; hänellä oli ystäviä. Pojalla sitä vastoin oli paljon leluja, mutta montako hyvää ystävää hänellä oli? Toisella kertaa Amma näki eräitä lapsia leikkimässä hiekassa ja huomautti surullisesti, "Lapsilla oli ennen vanhaan niin paljon viattomuutta, mutta nyt heillä on sen sijaan leikkimökkejä."

Amma ylistää äitejä, jotka antavat lapsilleen epäitsekkyyden samskaran (arvomaailman), sillä niin tehdessään he iskostavat hyviä arvoja perheisiinsä ja yhteisöihinsä. Nämä arvot auttavat ylläpitämään tulevaisuutta. Amma sai tämän samskaran kodistaan, mutta nykyiseltä sukupolvelta tällainen kallisarvoinen sivistys usein puuttuu.

Luku 3

Rakkaus parantaa kaikki haavat

"Lopulta mikään, mitä teemme tai sanomme tämän elämän aikana ei merkitse yhtä paljon, kuin se, miten rakastimme toisiamme"

– Daphne Rose Kingma

Alkuaikoina istuessani Amman kanssa kysyäkseni häneltä kysymyksiä, ajattelin useasti, että meidän tulisi oppia häneltä sellaisia ominaisuuksia kuten maltti ja luopuminen, mutta Amma patisti minua jatkuvasti tähtäämään rakkauteen. Tullessani Amman luokse ensimmäistä kertaa ajattelin harvoin rakkautta. Siihen aikaan tunsin olevani vihdoin valmis aloittamaan 'oikean' henkisen elämän ja halusin tavoitella jotakin korkeampaa, mutta Amma opetti minulle jatkuvasti rakkauden olevan suurin voima koko maailmassa. Rakkauden avulla voimme tehdä mitä vain. Lopussa rakkaus parantaa kaikki tämän maailman haavat.

Kaikki todella suuret saavutukset on saatu aikaan vain niiden takana olevan rakkauden, omistautumisen ja erittäin hyvän asenteen muodostaman perustan johdosta. Jos lapsi on sairas ja hänet pitää viedä sairaalaan, vanhemmat pystyvät valvomaan päiväkausia lapsensa lähellä. Rakkaus voi viedä kehon sen normaalien rajoitusten yli. Rakkaus antaa meille voimaa selviytyä kaikista elämän vaikeuksista ja esteistä. Jos voimme kehittää aitoa rakkautta sisällämme, huomaamme kaiken olevan mahdollista.

Sveitsissä on eräs lapsi, jolla on Downin syndrooma. Kun hän oli vielä pieni, Amma oli ainoa, jota hän kutsui 'Äidiksi.' Hän ei milloinkaan viitannut omaan syntymä-äitiinsä tällä nimellä. Nyt hän on hieman vanhempi, hän voi kävellä ja istuu usein peethamilla (koroke, jolla guru istuu) meditoimassa Amman vieressä. Kun hänen isänsä tulee hakemaan häntä Amman aloittaessa darshanin, kysyn lapselta yleensä, "Isä vai Amma?" Joka kerta hän valitsee Amman oman äitinsä ja isänsä sijaan ja juoksee tämän darshan-tuolin luokse.

Darshanin loputtua Amma usein vie pojan hetkeksi huoneeseensa. Hän kantaa pojan portaita ylös, vaikka tämä on uskomattoman painava. Yritän auttaa, vain ottaakseni painoa pois Ammalta, mutta Amma väittää aina, "Hän ei ole niin painava. Hän ei ole kovinkaan raskas."

Minä väitän vastaan, "Amma, hän on todella painava!"

Amma on eri mieltä sanoen, "Ei, hän ei ole painava!"

Amma vain kokee sen niin, sillä rakkauden avulla kaikesta tulee painotonta.

Eräs tyttö ilmaisi hiljattain huolensa siitä, että hänen egonsa oli niin suuri, että hän tuskin mahtui samaan huoneeseen sen kanssa. Hän oli huolissaan, ettei koskaan saavuttaisi jumaltietoisuutta niin monien heikkouksien kanssa. Kerroin hänelle yksinkertaisen totuuden: vaikka egomme vaikuttaisi kuinka suurelta tai mielemme kuinka hallitsemattomalta tahansa, Amman rakkaus on suurempi ja voimakkaampi. Ei ole syytä huoleen; Amma pitää huolen siitä. Hänen rakkautensa täyttää ja parantaa kaiken, mikä tarvitsee parantumista.

Katsoessamme Ammaa näemme rakkauden voiman parantavan kaikenlaiset haavat, olivat ne kuinka syviä tahansa. Rakkaus on voimakkain lääke maailmassa – se on kuin tasainen suonensisäinen tippa, jota meidän täytyy pitää pitkään. Vaikka se tuntuisikin ajoittain hitaalta, voit olla varma, että rakkauden voima pystyy todella tuhoamaan egon. Tämä ei tarkoita, että Amma parantaisi aina kehomme tai antaisi meille juuri sen mitä haluamme, mutta jos luotamme hänen armoonsa, sydämemme avautuu ja löydämme sisällämme uinuvan rakkauden. Mahatman voima on suurempi kuin egon voima.

Eräällä henkilöllä todettiin hiljattain syöpä. Hänen kohdallaan Amman armo ja rakkaus on muuttanut pelottavan kuolemisen prosessin kauniiksi ja vapauttavaksi kokemukseksi, elämän juhlinnaksi. Rohkaisin häntä kirjoittamaan tunteistaan, sillä hän on innoittanut monia meistä, jotka asuvat Amritapurissa (Amman ashram Intiassa.)

"Kuolemaan johtavan sairauden diagnoosi on näyttänyt minulle, että Amman opetukset, hänen läsnäolonsa ja hänen kärsivällinen, jatkuva rakkautensa on antanut minulle tarvittavat keinot tutkia yhden ainoan, muuttumattoman totuuden uusia tasoja. Lopetin elämisestä huolehtimisen ja aloin tulla tietoisemmaksi nykyhetkestä. Uutiset diagnoosista saivat Amman opetukset muuttumaan eläväksi harjoitukseksi sydämessäni, mielessä tapahtuvan teoreettisen ajatteluharjoituksen sijaan. Sydämessäni on nyt hiljaisuutta ja rauhaa; ensimmäistä kertaa voin tuntea todellisen Itseni. Ystäväni sanoi kuullessaan uutiseni, "On suuri lahja, siunaus, tietää milloin tulee kuolemaan." Tunnen tämän olevan todellakin totta. Kiitos Amma, että autat minua tutkimaan todellista luontoani.

Useita vuosia minusta oli tuntunut kuin maksassani olisi suuri vihan musta aukko, joten nähdessäni sen tietokonetomografiassa, en todellakaan ollut kovin

yllättynyt. Ensimmäisen viikon aikana
olin erittäin vihainen. Sanoin itselleni,
ettei eläminen ollut yhtään niin ihanaa,
sillä olin kärsinyt minulle tuntematto-
mista syistä johtuvasta masennuksesta
ja vihasta useassa kohdassa elämääni.
Ajattelin useiden vuosien kokemuk-
sen saattohoitajana auttavan mieltäni
hyväksymään, mitä oli tulossa.
Ensimmäisen vaikean viikon jälkeen
antauduin diagnoosilleni. Minulla ei ole
ollut vihan, masennuksen tai pelon tun-
teita sen jälkeen. Tämä oli ensimmäinen
huomaamani armon merkki ja olen siitä
erittäin kiitollinen. Eräs toinen henkilö
muistutti minua, "Armo on aina läsnä
ja virtaa jatkuvasti. Sinun tulee vain
avautua sille." Olen antautunut syvällä
sydämessäni ja hyväksyn nyt Amman
loputtoman, ehdottoman rakkauden ja
kaiken mikä tulee sen mukana. Tämä
matka on mielestäni jännittävä, riemas-
tuttava ja hyvin ilahduttava."

Rakkaus voi ratkaista kaikki maailman ongel-
mat. Tämä ei ehkä tapahdu yhdessä yössä,

joskus siihen menee vuosia. Amman rakkaus ei ole aina ihmeparannus, vaikka se voi olla sitäkin. Parantuminen vaatii valtavan määrän käytännön ponnistelua osaltamme. Meille voi olla erittäin haasteellista kumota negatiivisuutemme ja etsiä rakkautta itsestämme.

Amma kertoo usein tarinan pienestä pojasta, joka näki oksennusta lattialla ja kiirehti siivoamaan sen kaikkien muiden ollessa kuin eivät huomaisikaan sitä. Myöhemmin sinä iltana Amman mieli palasi jatkuvasti tuohon poikaan. Pojan teko oli melko pieni. Ihmiset kuuraavat tuntikausia päivittäin, mutta ajatteleeko Amma heitä huoneessaan? Ehkä, ehkä ei. Tuon pojan epäitsekäs asenne veti Amman ajatukset häneen yhä uudelleen.

Kerran yritin tätä itse. Eräs toinen nainen ja minä olimme ohjelmassa, kun nuori tyttö yhtäkkiä oksensi. Kiirehdimme molemmat paikalle. Sanoin, "Minä siivoan tämän."

Toinen nainen väitti vastaan sanoen, "Ei, ei, minä haluan siivota sen."

Vaatimalla vaadin, "Ei, minä todella haluan siivota tämän." Joten riitelimme toistemme kanssa siitä kumpi olisi se epäitsekäs, joka saisi siivota oksennuksen. Lopulta siivosimme sen yhdessä ja olimme todella ylpeitä itsestämme. Siivotessamme mietimme minne lapsen äiti oli kadonnut. Hänen olisi pitänyt haluta siivota! En usko Amman armon virranneen paljon sillä hetkellä, mutta se oli huvittava tapaus.

Kaikista virheistämme huolimatta Amma on meidän suhteemme kärsivällinen, tietäen aidon rakkauden olevan vastaus aivan kaikkeen. Hän jatkaa anteeksiantamista, rakastamista ja täydellisen esimerkin näyttämistä meille, huolimatta siitä, mitä joku saattaa ajatella tai sanoa hänestä. Jopa silloin, kun ihmiset ovat yrittäneet vahingoittaa häntä, Amma on aina vastannut antamalla anteeksi ja rakastamalla heitä takaisin.

Amma tietää tässä maailmassa olevan pulaa rakkaudesta. Olemme syntyneet rakkautta varten, mutta saamme kokea sitä harvoin. Amma haluaa nähdä ihmisten hyppivän rakkauden ilosta, siksi hän antaa niin paljon elämästään ja energiastaan auttaakseen meitä kokemaan sen rakkauden, jota etsimme.

Mitkään sanat eivät voi kuvailla ihmisen olemassaolon huippua, sitä tilaa, johon Amma ohjaa meitä. Hän on siellä, eläen autuudessa, silti hän on aina valmis uhraamaan itsensä ja tulemaan alas tasollemme nostaakseen meidät ylemmäs.

Luku 4

Myötätunnon perhonen

*"Pyhyys ei ole vain pyhimystä varten,
pyhyys on meidän jokaisen velvollisuus.
Meidät tehtiin olemaan pyhiä."*

— Äiti Teresa

Edward Lorenz oli meteorologi ja matemaatikko, joka yritti useiden vuosien ajan esitellä tieteellistä hypoteesiään muille ammattilaisille. Hän esitti, että niinkin pieni asia kuin perhosen siipien räpyttely voi saada aikaan valtavan hurrikaanin toisella puolella maapalloa.

Hänen kollegansa eivät luottaneet hänen yksinkertaiseen teoriaansa, mutta viimein yli kolmenkymmenen vuoden jälkeen se hyväksyttiin oikeana tieteellisenä lakina.

Maailma hyväksyy nyt hänen teoriansa; se tunnetaan yleisesti 'perhosvaikutuksena'. Samalla tavoin, jos levitämme vain vähän ystävällisyyttä ja myötätuntoa ympärillemme, se voi saada ympäri maailmaa aikaan ilmiömäisiä vaikutuksia, joita emme ikinä olisi ajatelleet mahdollisiksi.

Eräänä aamuna Etelä-Intian kiertueen aikana Trivandrumissa, suuri mustavalkoinen perhonen löysi tiensä ohjelmaan. Katselin lavalta kuinka se laskeutui ihmisten päälle yksi toisensa jälkeen, vain muutamaksi sekunniksi kerrallaan. Yhden miehen kohdalla se laskeutui pään päälle, toisen kohdalla silmälasien sangan kulmaan. Silmälasipäinen mies vaikutti pidättävän odottaen ja innoissaan hengitystään, miettien kuinka kauan perhonen pysyisi hänen luonaan. Hän selkeästi piti perhosta hyvän onnen siunauksena. Jokainen ihminen, jonka päälle perhonen laskeutui, tunsi sen kosketuksen pyhityksen. Kaikki sitä katselevat ihmiset tunsivat olevansa siunattuja todistaessaan tapahtumaa.

Perhosen elämä on lyhyt, mutta upea. Pienillä kauneuden teoillaan se tuo niin paljon

iloa, minne tahansa se meneekään. Jos pik-
kuinen perhonen voi valaista elämämme
yksinkertaisella, pienellä siipiensä räpäytyksel-
lä, ajattele kuinka paljon enemmän meillä on
kykyä tuoda iloa maailmaan. Meidän ei tarvitse
saada aikaan suuria tekoja luodaksemme tämän
'perhosvaikutuksen'. Jokaisella tekemällämme
hyvällä teolla, vaikka se vaikuttaisi kuinka
vaatimattomalta, voi olla ilmiömäinen, kumu-
latiivinen vaikutus. Samalla tavoin, Amman
hyväntahtoiset teot eivät tunne mitään rajoja.
Hän on ymmärryksemme toisella puolella ja
hänen käyntiin laittamansa värevaikutukset
kulkevat koko maailman ympäri.

Amman rakkaus ja huolenpito ulottuu
jokaiseen meistä niin monella eri tasolla. Hän
kiinnittää käytännön huomiota jokaiseen pie-
neen yksityiskohtaan, varmistaen, että ihmi-
set tuntevat itsensä onnellisiksi ja että heistä
pidetään huolta. Saapuessaan lavalle ohjelman
alussa, hän katsoo aina ympärilleen tarkistaak-
seen, että väkijoukko viihtyy mahdollisimman
hyvin. Hän opastaa jakamaan tuoleja, jos ihmi-
set seisovat ja ohjeistaa kylttien poistamista,
jos ne estävät ihmisiä näkemästä. Lääkehoitoa

tai erityishuomiota tarvitsevat tuodaan hänen huomioonsa prioriteettijärjestelmän avulla. Hän ottaa jatkuvasti ympärillään olevien tarpeet huomioon. Koskaan aikaisemmin ei ole ollut julkista henkilöä, joka olisi laittanut niin paljon ajatusta muiden huolehtimiseen ja keskittynyt niin vähän omiin tarpeisiinsa.

Se kaunis viesti, jota Amma yrittää hiljaa opettaa meille huomaavaisuutensa kautta on, että meidän tulisi aina ajatella muita ennen itseämme. Pieninkin ele Ammalta voi luoda valtavan vaikutuksen, jos meillä on näkemystä lukea hänen jokaiseen tekoonsa sisältyvät hienovaraiset viestit.

Amma muistuttaa meitä, että vaikka hunajaa maistaisi missä tahansa päin maailmaa, se pysyy uskollisena synnynnäiselle luonnolleen. Se on aina makeaa. Samoin tuli on aina kuumaa. Samalla tavalla rauha ja myötätunto ovat universaaleja ominaisuuksia, jotka pysyvät samanlaisina kaikkialla. Jokainen kaipaa kokemusta niiden suloisuudesta ja lämmöstä. Amma on sanonut, että jos emme laita myötätuntoa tekoihimme, silloin jopa sana 'rakkaus' jää vain sanaksi sanakirjaan. Ilman myötätuntoa emme voi koskaan kokea tuon tunteen suloisuutta.

Amman sanoma ja elämäntehtävä on levittää myötätuntoa. Hän tietää sen olevan mitä maailma todella tarvitsee ja janoaa parantuakseen. Hän haluaisi levittää myötätuntoa kaikille ihmisille, riippumatta kielestä, kulttuurista, kansallisuudesta tai uskonnosta. Hän tietää, että menneisyyden haavojen korjaamista ja eteenpäin tulevaisuuteen siirtymistä varten meidän tulee avata sydämemme rakkaudelle.

On olemassa tarina naisesta, joka menetti lapsensa traagisesti ja jonka sydän oli täysin särkynyt. Lapsen hautajaisissa monet yrittivät lohduttaa häntä, vaikka he eivät oikein tienneet mitä sanoa. Suurikokoinen mies lähestyi murheen murtamaa naista hiljaa, ja ilman ainuttakaan sanaa yksinkertaisesti piteli tämän kättä. Yksi miehen kyynelistä putosi äänettömästi naisen kädelle. Miehen sanaton ajatus, joka tarjottiin sydämellisen hyväntahtoisuuden ja aidon myötätunnon kanssa, lohduttivat naista enemmän kuin mikään, mitä muut olisivat voineet sanoa tai tehdä.

Joskus tilanteissa Amman kanssa olen ollut surevien omaisten luona ja ajatellut, että minun tulisi yrittää lohduttaa heitä jakamalla joitain viisauden sanoja syntymän ja kuoleman kiertokulusta. Sen sijaan, että antaisi tällaisia neuvoja, Amma vain pitelee heitä tiukasti ja sanoo, "Shh, kaikki on ok. Älä itke." Joskus se on kaikki, mitä hän on pystynyt sanomaan heille. Hän pitelee heitä ja lohduttaa heitä ja he itkevät hänen sylissään hänen itkiessä heidän kanssaan. Hän ei ole koskaan sanonut, "Niin vain täytyy tapahtua," tai "Oli heidän aikansa lähteä." Niinä valtavan tuskan aikoina Amma yksinkertaisesti tarjoaa myötätuntoaan. Hän pitelee itkeviä ja pyyhkii heidän kyyneleensä, tullen yhdeksi heidän surunsa kanssa.

Eräänä vuonna matkustaessamme kiertueella Pohjois-Intian läpi, teimme pysähdyksen tienvarteen pienen maalaiskylän kohdalla. Jotkut naisista päättivät lähteä kävelylle. Kävellessään pienen asumuksen ohitse, he huomasivat nuoren, kauniin naisen, joka näytti alakuloiselta. Osaten hieman hindiä, he alkoivat jutella naisen kanssa.

Nainen kertoi tarinansa: Hänet oli naitettu 8-vuotiaana ja hän oli tullut raskaaksi ollessaan 13-vuotias. Hänen miehensä oli kuollut humalassa, joten nyt 26-vuotiaana hän kasvatti 13-vuotiasta poikaansa yksin. Hänen elämässään ei ollut iloa ja muiden naisten asema kylässä oli samanlainen. Mentyään naimisiin vielä nuorina tyttöinä, he olivat onnettomia eikä heillä ei ollut elämältä enää mitään odotettavaa. Tämänkaltaiset tarinat eivät ole harvinaisia, varsinkaan kehitysmaissa.

Eivät pelkästään kylien köyhät istu majoissaan itkemässä. Amma näkee myös monia rikkaita, suurissa ja ylellisissä taloissa asuvia ihmisiä, jotka elävät tyhjää elämää. He kokevat yhtä paljon suurta tuskaa. Kaikki, kaikkialla, itkevät edes kohtalaisen onnellisuuden perään elämissään. Äärimmäisessä myötätunnossaan Amma on omistanut elämänsä helpottaakseen tällaista kärsimystä kaikkialla maailmassa.

Luku 5

Jumalan rakkaus ihmisen muodossa

"Aina kun muistat totuuden siitä kuka olet, tuot enemmän valoa maailmaan."

— Tuntematon

Amman katseleminen on Jumalan rakkauden ilmentymän näkemistä käsinkosketeltavassa muodossa. Jumalaista voimaa ei voi todellisuudessa ymmärtää, mutta historian halki jumalaiset ominaisuudet ovat tulleet ilmi joidenkin erittäin harvojen jumaltietoisuuden saavuttaneiden sielujen elämissä. Ihailemme ja palvomme näitä mahatmoja, sillä heidän elämänsä ovat pyhien ominaisuuksien kuten rakkauden, myötätunnon, puolueettomuuden ja anteeksiannon ilmentymiä.

Amma on löytänyt jumalaisen rakkauden lähteen ja hän haluaa jakaa tämän aarteen kanssamme. Hänen tavoitteensa on ohjata meidät korkeimman rakkauden tilaan. Voimme opiskella pyhiä kirjoituksia ja lukea henkisiä kirjoja oppiaksemme korkeimman totuuden, mutta ainoastaan Amman seuraamisen kautta voimme nähdä tämän käytännössä.

Amma ajattelee ainoastaan muita eikä koskaan itseään tai omaa mukavuuttaan. Hän valitsee tällaisen elämäntavan vastakohtana valinnoille, joita meillä muilla on tapana tehdä.

Pohjois-Intian kiertueilla, joita järjestetään yleensä vuosittain, matkustamme etelästä Intian pohjoisimmille alueille, kokonaan teitä pitkin. Se on erittäin epämukavaa noilla kuoppaisilla teillä ja meitä kaikkia heitellään ympäriinsä kulkuneuvon sisällä. Itse asiassa kutsumme leikkisästi asuntoautoa, jolla matkustamme 'pesukoneeksi', sillä ajaessamme tuntuu kuin meitä pyöritettäisiin pesukoneen sisällä, joka on ohjelmoitu raskaan pyykin linkoukselle. Jos et koskaan ole ollut pesukoneen sisällä, et voi tietää millaista se on, tämä ympäri velleminen... Sitä ei todellakaan ole laitettu kevyelle linkoukselle! Amman avustaja on aina erittäin huomaavainen ja heti kun joku tulee kulkuneuvoon, hän kysyy, "Haluaisitko matkapahoinvointilääkkeen?"

Hän jakaa niitä kaikille, jotka tulevat mukaamme. Ihmiset kiipeävät aina iloisesti kyytiin odottaen jotain ihastuttavaa, mutta he eivät ikinä ymmärrä mitä on luvassa.

Kiivetessämme sisälle mietin joskus, 'Kuka mahtaa olla tämänpäiväinen uhri?'

Ihmiset ovat usein kateellisia ajatellen, 'Oi, matkustaminen asuntoautossa on varmasti niin ylellistä!' Mutta totuus on, että olemme jumissa, pomppien ympäri pesukoneessa... Asiat eivät koskaan ole sitä, miltä näyttävät. Ei ole mitään syytä kadehtia ketään.

Asuntoautossa on kaksi sänkyä nukkumista varten, mutta Amma ei koskaan käytä niitä. Hän varmistaa aina, että me käytämme niitä hänen sijastaan. Hän vaatii saada maata lattialla vain kaikista ohuimmissa petivaatteissa. Kaikki huonekalut on poistettu ja sisällä ei ole edes tuolia, johon Amma voisi nojata tai jolla istua – joten hän pysyy lattialla.

Jopa omassa huoneessaan ashramissa Amma mukautuu aina kaikkien muiden tarpeisiin. Amma nukkuu mieluiten lattialla, mutta koska hän jakaa pienen makuuhuoneensa avustajansa ja kolmen koiran kanssa, siellä ei ole enää tilaa. Hän alkoi hiljattain nukkua sängyssä, vain saadakseen hieman enemmän tilaa venytellä itseään. Tietenkin, heti kun hän teki näin, eräs koirista halusi myös ehdottomasti nukkua sängyn päällä.

Se ei ole pieni koira ja haluaa myös venytellä koipiaan, joten se vie melkein kolmanneksen vuoteesta. Aina, kun joku yrittää vetää sitä pois, se murisee ja kieltäytyy liikkumasta. Mukautuakseen sen tahtoon ja pitääkseen sen hiljaisena, Amma alkoi nukkua jalat epämukavasti sängynpäädystä roikkuen. Jonkin ajan kuluttua hän yksinkertaisesti antautui koiran toiveille ja nyt hän nukkuu jalat koiran päällä, johon se näyttää olevan melko tyytyväinen. Jopa omassa huoneessaan Ammalla on tuskin tilaa oikaista jalkojaan. Kaikesta tästä huolimatta hän sopeutuu jokaiseen tilanteeseen, varmistaen aina, että kaikista muista pidetään huolta.

Joskus huolestun siitä, kuinka paljon hän antaa itsestään. Toisinaan olen anellut, että Amma lakkaisi matkustamasta niin paljon pitäen ohjelman toisensa perään kuukausikaupalla ilman ainuttakaan lepopäivää. Kerran kysyin pitäisikö meidän jättää Pohjois-Intian kiertue väliin, sillä se on niin rankkaa hänen keholleen. Hän vastasi, "Ei! Ne kyläläiset ovat niin köyhiä. Heillä ei ole varaa matkustaa tänne etelään [Keralaan]."

Ehdotin, "Amma, voimme lähettää linja-autoja hakemaan heidät ja tuomaan heidät tänne ashramiin." Hän oli eri mieltä, sanoen suunnitelmani olevan liian kallis; on parempi, että hän itse matkustaa ja käyttää ylimääräiset varat apua tarvitsevien palvelemiseen. On mahdotonta yrittää saada Ammaa lepäämään enemmän…olemme yrittäneet lukemattomia kertoja.

Eri maissa ympäri maailmaa on ihmisiä, jotka itkevät joka päivä, koska eivät voi olla ashramissa. Amma ajattelee heitä aina eikä ikinä omaa terveyttään tai mukavuuttaan. Heidän kaipuunsa ja surunsa kutsuu Ammaa jatkuvasti matkustamaan, vaikka elämä olisi paljon yksinkertaisempaa jos pysyisimme vain kotona. Elämme maailmassa, jossa useimmat ihmiset ajattelevat tekevänsä ainoastaan sitä, mikä on parasta heille itselleen ja miettivät aina, 'Mitä saan siitä?' Amma elää täysin eri tavoin, ajatellen aina ensin vain toisia.

Amma muistuttaa meitä keskittymään siihen mitä voimme antaa sen sijaan, että ajattelisimme aina mitä voimme ottaa. Miksemme tekisi hyviä tekoja kun siihen pystymme, kun meillä on vielä voimia? Kun omat tarpeet on täytetty, on tärkeää olla huomaavainen ja tarjota maailmalle takaisin, mitä voi. Kukaan ei pyydä meiltä kovinkaan paljon. Meidän ei odoteta seuraavan täysin Amman jalanjäljissä. Kellään tavallisella ihmisellä ei oikeastaan ole sitä kykyä, mutta jos voimme unohtaa itsemme hetkeksi ja löytää aikaa palvelutyöhön, meistä tulee varmasti onnellisempia.

Amman ohjatessa oppilaitaan, jotka rakentavat taloja köyhille, hän aina neuvoo heitä viettämään vapaa-aikaansa vierailemalla kyläläisten kodeissa, kuuntelemalla ihmisiä ja ymmärtämällä heidän ongelmiaan. Hän tuntee vähä-osaisten kärsimyksen, sillä he ovat avanneet sydämensä ja kertoneet vaikeutensa Ammalle vuosikymmenien ajan. Toisin kuin Amma, monet ashramissa asuvat ja palvelutyössä auttavat nuoret ihmiset eivät ole todella ymmärtäneet niitä vaikeuksia, joita vähäosaiset joutuvat kohtaamaan; Amma tietää, että auttamalla ihmisiä tulemaan tietoiseksi otetaan ensimmäinen askel kohti ongelmien ratkaisemista.

Tässä maailmassa on valtava määrä köyhyyttä ja kärsimystä. On velvollisuutemme tehdä mitä voimme auttaaksemme niitä, jotka kärsivät. Tästä syystä Amma on luonut laajamittaisia hyväntekeväisyysprojekteja ympäri maailmaa. Hän vastaa tarpeessa oleville kaikkialla. Ongelmamme ja surumme motivoivat ja innoittavat Ammaa tarjoamaan elämänsä palvelutyölle.

Meidän tulisi antaa sydämemme sulaa myötätunnosta toisia kohtaan ajatellessamme heitä, sen sijaan, että keskittyisimme siihen mitä voimme hankkia ja ottaa itsellemme. Amma antaa meille kauniin esimerkin, antaen kaikkensa joka hetki. Esimerkkinsä kautta hän yrittää herättää vain pisaran tuota myötätuntoa meissä.

Luku 6

Täynnä intoa
ja energiaa

"Olkoon rakastamasi kauneus se mitä teet."

– Rumi

Amma sanoo Amritapurin ashramin olevan kuin sairaala. Ihmiset tulevat kärsien eri asteisesta R-vitamiinin (rakkaus) puutteesta ja tarvitsevat tehohoitoa. Amma on ylivoimaisesti paras lääkäri: hän näkee lävitsemme, syvälle sieluumme, kaikkien olemassaolomme pinnallisten kerrosten läpi. Useimmat ihmiset näkevät vain ulkokuoren, mutta Amma menee syvemmälle kuin kukaan muu, nähden aivan sisimpään ytimeemme asti. Hänellä on loputon varasto R-vitamiinia jaettavanaan ja sitä hän juuri antaakin kaikille tarvitseville. Olemme todella onnekkaita, kun meillä on mahdollisuus olla hänen seurassaan ja tarkkailla kuinka tämä rakkauden ja empatian virtaus tapahtuu.

Joskus mietin miten paljon Amman kehoa särkeekään hänen annettuaan darshania niin tavattoman monien tuntien ajan. Joinain päivinä hän pystyy tuskin taivuttamaan niskaansa tai liikuttamaan vartaloaan yhtään ilman kipua. Tällaisina hetkinä ihmettelen miten hänen onnistuu syleillä edes viittä ihmistä, saati sitten jokaista ohjelman 20 000 henkeä! Amma ei ikinä ajattele näin. Hän tietää, että hänellä on kyky irrottaa itsensä mielen ja kehon yhteydestä; hänen onnistuu aina löytää voimaa tehdä se, mitä hän tarvitsee palvellakseen muita.

Eräänkin kerran ajaessamme suureen osavaltioiden väliseen ohjelmaan, Ammalla oli valtavat kivut. Kaikki pienetkin liikkeet sattuivat häneen, joten en voinut kuvitella hänen selviytyvän illasta niin suuren väkijoukon ollessa tulossa darshaniin. Amman astuessa lavalle hän halusi kumartua ja kumartaa kuten hän aina tekee ohjelmiensa alussa, mutta hänen niskansa äärimmäisestä kiputilasta johtuen se oli liike, johon hän ei kyennyt. Hänen aikoessaan yrittää, vaadin, "Ei Amma! Sinun ei tarvitse tehdä tuota! Voit vain liittää kätesi yhteen pranamiin (kunnioittava tervehdys)."

Tunsin itseni hieman typeräksi sanoessani tämän hänelle kaikkien siellä olijoiden edessä (oppilas käskee guruaan!). Se kaikki tallentui varmaankin nauhalle, minä pitelemässä Ammaa käsivarresta yrittäen estää häntä kumartamasta.

Amma ei yksinkertaisesti kiinnittänyt minuun mitään huomiota ja jatkoi kumartamista kuten hän aina tekee. Yksikään, joka näki hänen tekevän niin, ei olisi voinut tietää hänen kehossaan olevan mitään kipua. Hän vain teki velvollisuutensa, unohtaen itsensä ja oman terveytensä.

Amman pitäessä ohjelmia lännessä, hän jatkaa pitkälle yöhön ja tiedän, että häneen täytyy sattua todella paljon. Kun päivässä pidetään kaksi ohjelmaa, darshan saattaa alkaa kymmeneltä aamulla ja jatkua yli neljään iltapäivällä, joskus pidempäänkin riippuen väkijoukosta. Siihen mennessä Amman pää on joskus pyörällä ruoan ja veden puutteesta. Katsomossa olevat eivät voi ikinä todella ymmärtää, sillä Amma ei halua tehdä ketään surulliseksi näyttämällä miltä hänen kehossaan oikeasti tuntuu.

Iltaohjelma alkaa noin kaksi tuntia myöhemmin ja jatkuu pitkälle yöhön, Amman antaessa darshania neljään tai viiteen asti aamulla. Hän istuu kunnes joka ikinen, joka haluaa tulla hänen luokseen on saanut hänen syleilynsä. Hänellä on sitten pieni tauko aamun pikkutunneilla ennen kuin hän aloittaa taas darshanin kymmeneltä. Amman ympärillä päivä muuttuu yöksi ja yö päiväksi ohjelmien sulautuessa toisiinsa. Hän ei koskaan ajattele muiden tähden jatkuvasti tekemäänsä ponnistelua, vaan ainoastaan vaikeuksia, joita ihmisillä on odottaessaan jonossa hänen näkemistään niin kauan.

Kun kylien ihmiset tulevat ashramiin Intiassa ja väkijoukot eivät ole liian suuret, Amma antaa heille usein hyvin pitkiä darshaneita. Kerran Amman tullessa takaisin huoneeseensa pitkän päivän päätteeksi, hän myönsi kehoaan särkevän. Kysyessäni miksi hän oli antanut niin pitkiä darshaneita kaikille, Amma vastasi, että linja-autojen maksut olivat kohonneet paljon. Hän tietää kuinka paljon köyhät ihmiset

uhraavat tullakseen hänen luokseen; on kylä-
läisiä, joilla on niin vähän, että he joutuvat
lainaamaan jopa kunnolliset vaatteet naa-
pureiltaan vieraillakseen ashramissa. Amma
sanoi, "Minun vain täytyy antaa heille jotakin.
Minun täytyy puhua heidän kanssaan, koska
he ymmärtävät samaa kieltä ja ovat uhranneet
niin paljon tullakseen tänne."

Vaikka Ammalla olisi vatsavaivoja tai
hän olisi pahoinvointinen, hän ei ole koskaan
peruuttanut yhtäkään ohjelmaa missään päin
maailmaa tästä syystä. Jos hänen tarvitsee
oksentaa, hän saattaa ehkä mennä sivuhuo-
neeseen ja tehdä sen, huuhdella suunsa ja
palata takaisin antamaan darshania. Kukaan ei
edes tajua hänen kärsivän. Yhdessä vaiheessa
Amman vatsalihakset olivat niin kivuliaasti
supistuneet pitkään liikkumattomana istumi-
sesta, että hänen olisi pitänyt pitää tukisidettä,
mutta mitä hän tekikään? Hän antoi tukisiteen
samantien köyhälle miehelle, joka tuli darsha-
niin ja tarvitsi sellaista.

Myöhään illalla, tai oikeastaan yön yli
ja seuraavan aamun aikaisina tunteina on
mahdollista huomata, kuinka Amma joskus

menee toiselle tietoisuuden tasolle. Hän vetää mielensä pois kehonsa uupuneesta tilasta, nauraen, kikattaen ja hidastaen täysin, syleillen seuraavaa henkilöä kauemmin kuin edellistä. Hän ei ikinä kiirehdi ohjelman lopussa, eikä ikinä yritä lopettaa nopeasti, jotta voisi mennä lepäämään, kuten me tekisimme jos olisimme samassa tilanteessa.

Amman istuttua neljätoista tuntia yhtenä päivänä Etelä-Intian kiertueen aikana odotin hänellä olevan valtavaa kipua kehossaan illan lopussa. Palatessaan huoneeseensa, sen sijaan, että olisi levännyt tai syönyt, hän tapasi ihmisiä ylimääräisen puolentoista tunnin ajan. Hänelle tarjottiin kookosvettä, jonka hän otti vastaan, mutta jota hänellä ei ollut aikomustakaan juoda. Hän piteli suurta, täyttä lasia ainakin kaksikymmentä minuuttia kunnes viimein otin sen häneltä, huomaten jälkijunassa sen olevan varmasti painava pidellä. Hän otti lasin vastaan yksinkertaisesti koska se on mitä hän tekee. Hän ottaa kaiken vastaan, haluamatta ikinä torjua mitään tai ketään.

Voin vain kuvitella kuinka väsynyt hänen kehonsa on täytynyt olla ja kuinka paljon häntä on täytynyt särkeä hänen istuttuaan koko päivän ja yön liikkumatta. Olisin ajatellut, että annettuaan darshania niin monta tuntia, hän olisi kokenut äärimmäistä väsymystä ja kovaa lihaskipua etenkin käsivarsissaan. Sen sijaan täydelliseksi yllätyksekseni hän heilutti käsiään innostuneesti ympäriinsä puhuessaan. Me muut olimme jo alkaneet uupua, mutta Amma oli täynnä intoa ja energiaa. Näin Amman elämä vain virtaa. Rakkaus ylläpitää häntä ja sallii hänen tehdä mahdottomia.

Jos Amman keho olisi patsas, se olisi ruostunut ja muuttunut pölyksi jo kauan sitten. Kuinka moni laittaakaan kätensä Amman jaloille, astuu hänen varpailleen, tarttuu häntä niskasta tai huutaa hänen korvaansa? Mutta Jumalan armon avulla Amma sanoo voivansa jatkaa darshanin antamista. Amma kokee kipua omassa kehossaan, jotta meidän kipumme voisi vähentyä. Sellaista on se käsittämätön rakkaus, jota satgurulla (todellinen opettaja) on maailmaa kohtaan. Tämä periaate on se, mihin kristityt uskovat sanoessaan Jeesuksen kärsineen syntiemme vuoksi.

Eräs devotee kysyi Ammalta kerran, kärsiikö hänen kehonsa todella vai ei. He uskoivat, että sen täytyy kärsiä johtuen kaikesta mitä Amma käy läpi, mutta tämä henkilö oli hämmentynyt Amman näyttäessä yleensä niin onnelliselta. Amma vastasi, "Ihmisen tasolla keho kärsii, mutta minun tasollani, ei ikinä! Älä sinä huolehdi, rakkaani."

Annettua lahjaa ei tulisi ikinä ottaa takaisin – hän vakuuttaa, "Annoin itseni uhrilahjana maailmalle; en ota mitään takaisin ajatellakseni itseäni." Amma näyttää meille tien. Hän opettaa meille miten uhrautua toisten tähden oman elämänsä esimerkin kautta. Hän pyrkii aina niin kovasti antamaan kaikkensa kaikessa mitä hän tekee. Kun meillä on rakkautta sydämessämme, pyrkimyksestämme tehdä jotain hyvää tulee vaivatonta ja voimaannuttavaa. Rukoilkaamme kaikki, että voimme omaksua häneltä jotain hyvää, oli se kuinka vähäistä tahansa, antaaksemme takaisin yhteiskunnalle.

Luku 7

Korkeinta sadhanaa

*"Heti syntymästämme lähtien olemme
vanhempiemme huolenpidon ja
hyväntahtoisuuden varassa, ja kun myöhemmin
elämässämme kärsimme sairaudesta
ja tulemme vanhoiksi, olemme jälleen
riippuvaisia muiden hyväntahtoisuudesta.
Kun elämämme alussa ja lopussa olemme
niin riippuvaisia muiden hyväntahtoisuudesta,
miten voimme sen keskivälissä laiminlyödä
hyväntahtoisuuden muita kohtaan?"*

– Tenzin Gyatso, 14. Dalai Lama

Toisten rakastaminen ja palveleminen on korkeinta sadhanaa (henkinen harjoitus) mitä voimme ikinä tehdä, mutta kuinka moni meistä on aidosti valmis rakastamaan kaikkia ja palvelemaan kaiken aikaa kuten Amma tekee? Jos pystyisimme todella rakastamaan ja palvelemaan varauksetta, meidän ei tarvitsisi tehdä mitään muuta henkisten korkeuksien saavuttamiseksi. Tämä kuitenkin pitää sisällään kaikkien rakastamisen, ei ainoastaan niiden muutamien, joiden seurassa tunnemme olomme mukaviksi tai joista olemme kiinnostuneita.

Se tarkoittaa, että rakastaa henkilöä, joka kiilaa eteesi ruokajonossa tai joka istuu hallissa puolittain sylissäsi bhajanien (antaumukselliset laulut) aikana tuntiessasi jo valmiiksi, ettei sinulla ole tarpeeksi tilaa, sitä joka melkein kaataa sinut tai seisoo edessäsi juuri Amman saapuessa. Jos voit rakastaa heitä juuri sillä hetkellä, ei sinun tarvitse tehdä kovin paljon muunlaista sadhanaa.

On todella vaikeaa nähdä jokaisessa hyvää kaiken aikaa. Tämä on korkein asenne, joka meillä voi olla, mutta on todella haastavaa saavuttaa se. Aloittaaksemme tähän suuntaan siirtymisen, meidän tulisi kouluttaa mielemme keskittymään hyvien tekojen tekemiseen. Meditaatio, puja, antaumuksellinen laulaminen, mantra japa, rukoukset maailman hyvinvoinnin puolesta ja karmajooga (epäitsekkäät teot) ovat kaikki eri tapoja kehittää keskittymiskykyä, myötätuntoa ja empatiaa.

Nykyään neurotieteen saralla tehdään erilaisia tutkimuksia ja selvityksiä, jotka todistavat hyvillä teoilla tai pelkästään hyvillä tarkoitusperillä olevan hyödyllinen vaikutus terveyteemme ja hyvinvointiimme. Kokeet osoittavat, että mieli voidaan kouluttaa uudelleen oppimaan myönteinen arvomaailma, vaikka vain ajattelisimme myönteisiä arvoja, alamme kokea syviä ilon ja hyvinvoinnin tunteita. Luodaan kiertokulku, jossa mitä enemmän haluamme tehdä hyvää muita kohtaan, sitä onnellisemmiksi tulemme ja mitä onnellisempia olemme, sitä enemmän haluamme tehdä hyviä tekoja.

Vaikutus, joka Ammalla on lapsiin on erityisen kaunis, sillä lapsia ympäröivä ilmapiiri vaikuttaa heihin syvästi. Suloisena esimerkkinä mainittakoon eräs tapaus Amman ympärillä olevista lapsista. He kysyivät toisiltaan kuinka monta jäätelöä heidän tarvitsee syödä viikoittain ja päättivät, että kaksi on oikeastaan tarpeeksi. He säästävät mielellään rahat ylimääräisen jäätelön ostamatta jättämisestä ja ostavat niiden sijasta jotain vähäosaisille lapsille. Pelkästään Amman lähellä oleminen innostaa meitä antamaan, mikä on henkisten harjoitusten todellinen tavoite.

Joskus ashramin lapset tulevat luokseni ja sanovat, "Katso kuinka monta mantraa lausuin!" Yksi nuorista lapsista teki hiljattain juuri näin ja sanoi, "Katso!" työntäen digitaalisen mantralaskimensa nenäni eteen. Se näytti lukua 8 888. Olin erittäin vaikuttunut.

Kysyin häneltä, "Lausuitko mantrasi joka ikisellä luvulla?"

"Kyllä!" oli pienen kuusivuotiaan viaton vastaus.

Antaumus, jota lapset oppivat Ammalta on kaunis asia ja erittäin tärkeää tämän päivän maailmassa. Antaumus johtaa kohti halua rakastaa ja palvella yhteiskuntaa ja luontoäitiä aivan nuoresta, vaikutusalttiista iästä lähtien. Tätä palvelemisen asennetta tulee kasvattaa, jotta tulevat sukupolvet selviytyisivät.

Joistakin ihmisistä voi tuntua, ettei heillä ole aikaa tehdä töitä toisten hyväksi, koska heidän aikataulunsa on täynnä työ- ja perhekiireitä. Miten ihmeessä he voisivat mahduttaa siihen palvelutyötä, jos heillä ei ole vapaa-aikaa?

Amma antaa esimerkin, jossa jos sinulla on kolme lasta, ajattele toisten epäitsekkäästi palvelemista yksinkertaisesti neljäntenä lapsenasi. Pystyisit pitämään huolta kaikista lapsistasi, oli niitä sitten kuinka monta tahansa. Tällä tavoin meidän tulisi löytää hieman aikaa kiireisestä aikataulustamme myös epäitsekkäälle palvelutyölle.

Saatamme ajatella, ettei sevallamme ole todellista merkitystä, ettei se ole niin tärkeää ja että on muita ihmisiä, jotka voivat tehdä sen, mutta todellisuudessa se on tärkein välineemme. Seva vie meidät vain itsemme ja halujemme ajattelun toiselle puolen. Tämä toiminta, yhdessä oikeanlaisen asenteen ja Amman armon kanssa, voi viedä meidät lopulliseen päämääräämme.

Eräs mies kertoi minulle kerran närkästyneenä kuinka tyytymätön hän oli sevaansa, "Tulin Amman ashramiin edetäkseni henkisesti ihmiskunnan hyväksi ja minua pyydetään tekemään vähäpätöisiä tehtäviä kuten astianpesua ja kierrätystä. Olen ammattilainen ja erittäin luova. Minua loukkaa se, että minua pyydetään muuttamaan sadhana-aikatauluani ja tekemään työtä, josta en pidä."

Sanoin hänelle, että jos hän oli ammattilainen siinä mitä hän teki maailmassa, niin ehkä hänen jumalaisen suunnitelman mukaan tulisi oppia hieman nöyryyttä tekemällä muitakin töitä. Kaikki elämässä tulee meille juuri silloin, kun sitä tarvitsemme. Siinä miten elämän kiertokulku esittäytyy meille ei ole yhtään virheitä, vaikka se ottaisikin muodon meitä jahtaavana seva-henkilönä, joka pyytää sinua palvelemaan kun tekisit mieluummin jonkin muun tyyppistä sadhanaa (tai jotain muuta paljon hauskempaa).

Kun istumme meditoimaan, jopa mieleemme tulevat ajatukset ovat toiminnan muotoja – meditointikin on tekemistä. Miksi emme yrittäisi sen ohessa tehdä myös jonkin verran epäitsekästä palvelutyötä, joka tuo meille armon siunauksen.

Tarpeen vaatiessa voimme yrittää muokata asennettamme ollaksemme valmiita ja iloisia tekemään mitä vain toisten puolesta. Amma ei tarvitse ihmisiä istumaan vierelleen ja ojentamaan hänelle kasvopyyhettä, kuten minä teen. Se tehtävä on jo täytetty, mutta kaikenlaisiin muihin tehtäviin tarvitaan tekijöitä. Jos niitä ei tehdä, Amma on usein ensimmäisenä tulossa mukaan tekemään mitä tarvitaan. Hän tekee aina paljon töitä, antaa epäitsekkäästi ja pyrkii inspiroimaan meitä samaan.

Eräänä iltana bhajaneitten jälkeen Amma kertoi minulle kuinka paljon hänellä oli kipuja. Hän sanoi koko ajan ettei hänellä ollut ollenkaan hyvä olo. Olin surullinen hänen puolestaan, mutta ei ollut mitään mitä olisin voinut tehdä auttaakseni häntä, joten keskustelumme jälkeen menin alakertaan huoneeseeni tekemään sevaa. Yhtäkkiä kuulin kaikkien juoksevan ympäriinsä huutaen, "Tiiliseva!"

Ajattelin itsekseni, 'No, Amma ei ainakaan ole tulossa; hän ei voi hyvin.' Seuraavassa hetkessä huomasin Amman olevan ulkona, kantaen tiiliskiviä iloisena (enemmän tiiliä kuin kukaan muu, itse asiassa!). Joskus hän voi olla kuin lapsi, jonka huomion voi harhauttaa ja helposti kiinnittää hänen lempipuuhaansa: palvelutyöhön. Kanadassa on eräs nelivuotias poika, joka rakastaa sevaa. Eräänä päivänä hänellä oli päällään aikuisten esiliina (joka laahasi maassa). Amman kävellessä ohi hän tervehti Ammaa joka kääntyi hänen puoleensa sanoen, "Seva, seva, seva!" Amma oli niin onnellinen nähdessään pojan tehneen sevaa (ja hän näytti niin suloiselta valtavassa esiliinassaan), että antoi tälle suukon.

Amma puhuu usein lapsista, jotka rakastavat palvelutyötä. Hän on ylpeä ja aina äärimmäisen onnellinen nähdessään heidät tekemässä paljon työtä oikealla asenteella, tekemässä jotain käytännöllistä auttaakseen muita. Seva mahdollistaa myös lasten elämäntaitojen oppimisen tulevaisuutta varten kehittäen samalla rakkautta ja myötätuntoa heidän sydämissään. Kun löydämme hyvien tekojen tekemisen ilon, löydämme todellisen ilon sisältämme. Seva on yksi suurimmista lahjoista.

Henkisyys on yksinomaan käytännöllisyyttä. Kun Amma huomaa tarpeen jossakin, hän on aina valmis täyttämään sen. Tästä kaikessa on todellakin kyse: että näkee sen, mitä tarvitaan ja sukeltaa auttamaan rakastavin sydämin. Olemme todella onnekkaita kun meillä on mahdollisuus palvella, mutta on meidän tehtävämme nähdä tämä siunauksena. Jos huomaat ajattelevasi, 'En halua tehdä tätä,' niin sinun täytyy jollain tavalla suostutella mielesi muuttamaan asennettaan. Jos pystyt siihen, pystyt nauttimaan aivan kaikesta. Kukaan ei voi pakottaa sinua nauttimaan toisten palvelemisesta; halun tulee syntyä omassa sydämessäsi.

Lukemattomat henkiset etsijät ovat lukeneet kirjoja henkisyydestä ja filosofian eri koulukunnista, mutta kuinka harvat ovat halukkaita tekemään mitä tarvitaan? Kuinka monet ihmiset ovat todella valmiita äärimmäisen tyyppiseen nöyryyteen ja palvelutyöhön? Tosiasiassa, eivät kovinkaan monet – mutta mikä voisi olla merkittävämpää?

Missä tahansa päin maailmaa oletkaan, jos sinulla on viaton asenne omistaa kaikki mitä teet Jumalalle ja palvella miten vain voit, armo tulee varmasti virtaamaan luoksesi. Palvelutyö on upea väline ja yksi suurimmista iloista, joita olen löytänyt elämässäni. Rakkaus on koko elämän tarkoitus ja epäitsekäs palvelutyö on kaunis kanava, jota pitkin rakkaus virtaa.

Luku 8

Onnen salaisuus

*"Auttaessasi avun tarpeessa olevia,
itsekkyytesi häviää ja aivan huomaamatta
löydät oman täyttymyksesi."*

— Amma

Antaessamme meistä tuntuu aina poikkeuksellisen hyvältä. Hyväntekeväisyysjärjestöjen vapaaehtoiset ja minkä tahansa filantrooppisen yhdistyksen lahjoittajat tietävät mieltä avartavan ajattelutavan ilot. Sanotaan, ettei rahalla voi ostaa onnea, mutta on todistettu tosiasia, että pyrkiessäsi lahjoittamaan anteliaasti voit todellakin saada kiinni siitä vaikeasti tavoiteltavasta onnesta, jota jokainen etsii. Kun onnistumme unohtamaan omat toiveemme ja ojennamme kätemme auttaaksemme toisia, tuo se erittäin korkean asteista elämäntäyttymystä.

Pohjimmiltaan, mitä enemmän ihmiset antavat, sitä onnellisemmiksi he tulevat.

Nuori nainen oli suuressa perhetapaamisessa, kertoen kaikille hänellä olevan kaikkein kaunein sydän. Kaikki kerääntyivät ihailemaan hänen täydellistä, pyöreää, sileää, hohtavaa sydäntään. Hän esitteli sitä ylpeänä.

Yhtäkkiä vanha nainen sanoi voimakkaalla, kovalla äänellä hänen sydämensä olevan paljon kauniimpi. Kaikki vieraat nauroivat nähdessään vanhan naisen sydämen. Se oli kolhiintunut, täynnä paikkoja ja avoimia haavoja. Osia oli leikattu pois ja toisiin kohtiin oli sovitettu epämääräisen kokoisia paloja. Nuori nainen nauroi ja sanoi, "Kuinka voit verrata vanhaa, vääristynyttä ja revittyä sydäntä täydelliseen sydämeeni?"

Vanha nainen vastasi, "Myönnän, että sydämesi on täydellinen, mutta se ei ole kaunis. Jokainen arpi, jonka näet sydämessäni edustaa jotakuta, jolle olen antanut sydämeni. Joskus he antoivat minulle palan omastaan, mutta eivät aina. Siksi siinä on niin monta paikkaa, johon palaset eivät aivan sovi. Mutta vaalin niitä, sillä ne muistuttavat minua jakamastamme rakkaudesta ja kauniista muistoista. Nämä avoimet haavat ovat kipeitä, sillä jotkut ihmiset eivät koskaan palauttaneet sydäntään, mutta minä odotan, toivoen heidän jonain päivänä ymmärtävän rakkauden antamisen arvon."

Nuori nainen itki ja käveli kohti vanhaa naista. Hän leikkasi palan täydellisestä sydämestään ja täytti kolon vanhan naisen sydämessä. Hän katsoi omaa sydäntään, joka ei ollut enää niin 'täydellinen', mutta paljon 'kauniimpi'.

Toisinaan kohtaamme sankarillisia sieluja, jotka inspiroivat meitä syvästi. Neljätoistavuotiaiden poikien luokanopettajaa kosketti erään oppilaan ahdinko, pojan, joka kuolisi ilman munuaissiirtoa. Tämä nainen kertoi pojan perheelle antavansa toisen munuaisensa pojalle, jos hänen todettaisiin olevan sopiva luovuttaja. Hän oli, ja hän antoi munuaisensa.

Joitakin vuosia sitten Philadelphiassa, joulun aikaan eräs pariskunta tuli ravintolaan, nautti aamiaisensa ja teki sitten jotain varsin epätavallista. He maksoivat tuplasti omaan ateriaansa vaadittavan summan ja vaativat maksaa viereisessä pöydässä olevien asiakkaiden laskun, vaikka nämä olivat täysin vieraita. He eivät halunneet mitään kehuja tai tunnustusta, joten he eivät jättäneet nimiään. He halusivat vain tehdä jotain hyvää. He pyysivät tarjoilijaa yksinkertaisesti toivottamaan asiakkaille 'Hyvää joulua.'

Hyvä teko ei loppunut siihen. Asiakkaat, jotka vastaanottivat tämän hyväntahtoisen eleen innostuivat laittamaan sen kiertoon. He maksoivat toisten aterioita ja jättivät myös juomarahaa kaikille tarjoilijoille. Jokainen vastaanottaja oli ihmeissään saadessaan ilmaisen aterian ja vaativat jakaa siunauksensa eteenpäin. Tätä jatkui tuntikausia, aina vaan ympäri ravintolaa kuin dominovaikutus.

Ravintolassa sinä päivänä työskennelleet tarjoilijat eivät olleet koskaan nähneet mitään vastaavaa kaikkina siellä työskenteleminään vuosina. Kyyneleet tulivat heidän silmiinsä heidän ajatellessaan seuraavien viiden tunnin ajan todistamaansa upeaa ketjureaktiota. Kuten lammessa yhä kauemmas matkaava veden väre, on myös dominovaikutus sellainen, minkä voimme luoda antaessamme epäitsekkään esimerkin ja tehdessämme hyväntahtoisia tekoja muiden puolesta. Olemme yksinäisiä silloin, kun ajattelemme vain itseämme. Jos olemme liian vahvasti kiinnittyneitä siihen mitä haluamme, olemme aina tyhjiä – vaikka taskumme olisivat täynnä. Loputtomia aarteita täynnä oleva talo ei voi tyydyttää sydäntä. Omaisuutemme voi kasvaa; pankkitilimme voi pursuta yli, mutta seuratessamme sokeasti itsekkäitä toiveitamme, mielemme täyttyy aina vain uusilla toiveilla. Voimme saada maailmalta mitä tahansa haluammekin, mutta jos seuraamme ainoastaan itsekkyyttämme, onnellisuus välttää meitä. Tunnemme aina, että meiltä puuttuu jotain. Ennen kuin opimme antamaan, toiveemme eivät koskaan katoa.

Ihmiset kysyvät usein itseltään, 'Mitä tulen saamaan tässä elämässä?' Mutta tämä ei ole asenne, johon Amma kannustaa. Sen sijaan hän innoittaa meitä luomaan jotakin suurenmoista löytämällä lahjamme ja käyttämällä niitä palvelutyöhön. Toisten auttaminen tuo äärimmäistä iloa ja toteuttaa elämämme tarkoituksen ja päämäärän. Elämä on sitä varten.

Toiveet vievät meitä poispäin todellisesta onnesta. Kun täytämme toiveemme, tämä ei saa niitä katoamaan. Sen sijaan ne moninkertaistuvat ja tulevat varmasti takaisin. Otetaan esimerkiksi monien ihmisten riippuvuus uusimmasta teknologiasta. Saamme uuden, päivitetyn puhelimen ja olemme onnellisia siitä, mutta kuusi kuukautta myöhemmin uusi malli tulee markkinoille. Se on ohuempi, kevyempi, siinä on enemmän pikseleitä, enemmän sovelluksia, enemmän pelejä... ja haluamme nyt sen. Ajattelemme, 'Tämä vanha puhelin ei tuo minulle enää samaa iloa kuin ostaessani sen. Tiedän olevani onnellisempi uuden kanssa!' Ongelmana on, ettemme voi antaa mielelle täyttymystä ja esiin tulevat ajatukset ja toiveet eivät tule ikinä loppumaan.

Jos voimme yksinkertaistaa toiveemme, olemme onnellisia vaikka meillä olisi vähemmän. On hyvä rukoilla apua toiveidemme voittamiseen. Tämä on vaikeaa, sillä mieli liikkuu aina, mutta siksi toistamme mantraamme ja elämme tasapainoista elämää meditoiden ja tehden henkisiä harjoituksia. Kun meillä on henkistä itsekuria, toiveemme vähenevät ja löydämme rauhan.

Maailmassa on paljon ottajia, mutta on paljon parempi antaa – ainoastaan siten löydämme aidon ilon. Armo tulee hyvien tekojen tekemisestä epäitsekkäällä asenteella. Jos pyrimme tekemään jotain, jonka takana on epäitsekäs asenne, koemme jumalaisen armon olimme sitten missä päin maailmaa tahansa.

Unohda itsesi tekemällä palvelutyötä. Kun emme keskity omaan vapautumiseemme, vaan omistaudumme sen sijaan toisten palvelemiselle, jumalainen armo tulee ja huuhtoo yltämme kuin joki. Vastaanotamme puhdistumisen, elämää mullistavan palkinnon ja sitten lopulta, armo saapuu viedäkseen meidät päämääräämme.

Luku 9

Rakasta Ammaa kaikissa

"Jumala ynnä mieli on ihminen.
Ihminen miinus mieli on Jumala."

— *Tuntematon*

Ihmisten mennessä naimisiin he sanovat toisilleen, "Rakastan sinua, rakastan sinua. Lupaan pysyä kanssasi kunnes kuolema meidät erottaa." Sitten, kun tulee vaikeaa, he unohtavat valansa. Näin syvää on rakkautemme nykyään. Kuitenkin, kun rakkaudesta tulee elämämme tiukasti juurtunut perusta, se tuottaa ilahduttavasti tuoksuvaa kukintaa – meistä tulee kuin kukkivat jasmiinikasvit, jotka tarjoavat hienostunutta tuoksuaan maailmalle. Kaikki, joita kohtaamme voivat nauttia tämän rakkauden kukan kauneudesta.

Minne tahansa menemmekin, kaikki yrittävät koskettaa Amman kättä huutaessaan, "Rakastan sinua, rakastan sinua, rakastan sinua Amma." Jos todella rakastat Ammaa, älä vain sano niin, laita tuo rakkaus käytäntöön. Rakkauden tulisi olla verbi, ei vain sana, jota käytämme liikaa ajattelematta. Kun muutat rakkautesi teoiksi, löydät sen sisällä olevan luontaisen kestävän kokemuksen ja muuntavan voiman. Ilman toimintaa, 'rakkaus' on kuin muovihedelmä, joka näyttää nätiltä, mutta joka ei voi ravita meitä – se on vain tyhjä, koristeellinen sanan kuori.

Kun teemme jotain rakkaudella, meidät nostetaan korkeammalle ja korkeammalle pois kärsimyksestämme, rauhallisempaan paikkaan, jossa armo virtaa. Sen sijaan, että katsoessamme näkisimme vain yhden Amman ulottuvuuksista, hänen aito olemuksensa tulee ilmi ja rakkauden suurenmoisuus paljastuu.

Eräs henkilö kertoo seuraavan tarinan,

"Erään kerran mennessäni darshaniin sydämessäni oli suunnaton kaipuu olla lähellä Ammaa. Kysyin häneltä lapulla, 'Amma, miten voin olla lähempänä sinua?' Amma katsoi syvälle silmiini. Hän tuijotti minua ja piteli minua pitkään. Kun istuin alas saatuani darshanin, suljin silmäni ja näin ainoastaan Amman kaikkialla. Näin Amman lastaan rakastavassa äidissä, kerjäläistä auttavassa henkilössä, ystävissä, jotka antavat rakkautta ja tukea vaikeina hetkinä. Siellä missä on rakkautta, siellä on Amma. En halunnut avata silmiäni, sillä pelkäsin, että niin tehdessäni hänen muotonsa veisi huomioni. Ymmärsin hänen olevan paljon suurempi kuin kehonsa. Kokemus tuntui kestävän ikuisesti… Hän näytti minulle missä oli ollut jokaisella pimeimmällä hetkelläni, paljastaen tukeneensa ja pidelleensä minua läpi koko elämäni. Minulle näytettiin Amman olevan rakkaus kaikkialla, kaikessa. Tiedän nyt, että joka kerta kun koen rakkautta keneltä tahansa, se on Amma, joka rakastaa minua. Amma on rakkaus sen puhtaimmassa muodossa. Jos haluan tuntea Amman, ainoa mitä minun tarvitsee tehdä, on muuttua itsekin tuoksi rakkaudeksi. Haluan tulla rakkauden teoiksi."

Amma ei tarvitse meiltä mitään, mutta hän olisi hyvin onnellinen jos voisimme todella laittaa hänen opetuksensa käytäntöön. Haluamme aina tehdä hänet onnelliseksi, mutta miten voimme tehdä sen? Meidän tulee tehdä jotain mikä olisi tärkeää: meidän tulee rakastaa toisia ihmisiä kuten rakastamme Ammaa.

On niin helppoa rakastaa Ammaa. Se ei ole vaikeaa, sillä hän on niin vastustamaton. Oppilailleen hän on kaunein olento maan päällä, kaikkein lumoavin, kaikkein hauskin, kaikkein palvelumielisin kaikilla osa-alueilla. Amma voittaa aina ensimmäisen palkinnon. En ole yllättynyt ihmisten sanoessa rakastavansa häntä niin paljon, koska hän on niin täydellisen upea. Kuka tahansa, jolla on edes hitunen maalaisjärkeä pystyy tunnistamaan hänen suuruutensa. Sen sijaan, että rakastaisimme ainoastaan Amman muotoa, meidän tulisi yrittää laittaa rakkautemme käytäntöön näkemällä ja rakastamalla kaikkia kuten Ammaa. Tämä olisi todellakin jotain mahtavaa (ja jotain hyvin paljon haastavampaa)!

Raamatussa Jeesus sanoo, "Rakastakaa toisianne, niin kuin minä olen rakastanut teitä." Kaikkien uskontojen ydin sanoo täsmälleen saman asian: Jumala on rakkaus. On velvollisuutemme pyrkiä itsekin tulemaan rakkaudeksi.

Amma haluaa meidän rakastavan toisiamme, kuten hän rakastaa meitä.

Amman käytännöllinen tapa liikkua maailmassa on ylivoimaisesti paras elävä esimerkki meille. Läpi kaikkien hoidettavien asioiden, läpi kaikkien miljoonien ihmisten palvelemisesta syntyvien huomattavien ongelmien, hän kykenee silti rakastamaan kaikkia. Tämä johtuu siitä, että hän näkee itsensä kaikissa meissä ja tietää totuuden, että tämä maailma on yksinkertaisesti jumalainen ilmentymä. Hän näkee kaikki omana heijastuksenaan peilissä. Siinä missä me saatamme uskoa tämän olevan totta ja ymmärtää sen älyllisesti, Amma itse asiassa, hyvinkin kirjaimellisesti, elää sen todeksi.

Hän muistuttaa meitä usein, "Intialaisen filosofian mukaan luojan ja luomakunnan välillä ei ole mitään eroa; ne ovat yksi ja sama, aivan kuten ei ole eroa kullan ja kultakorujen välillä." Amma ilmoittaa Vedantan olevan korkein totuus: kaikki on Jumalaa. Tämä on perimmäinen käsitys. Mutta voimme lähinnä bhaktin (antaumus) kautta tulla paremmiksi ihmisiksi kehittämällä hyviä ominaisuuksia kuten myötätuntoa ja halua palvella hädässä olevia. Kun todella rakastamme Jumalaa, meillä on myötätuntoa koko maailmaa kohtaan. Rakkaudesta syntyneiden epäitsekkäiden tekojen kautta luodut värähtelyt siunaavat ympäristöä ja kaikkia ympärillä olevia. Tämä selittää sen, että jos olemme riittävän tietoisia, voimme tuntea käsinkosketeltavan värähtelyn suurten henkisten mestarien ympärillä.

Muutama vuosi sitten eräs toimittaja oli utelias tietämään mitä Amma teki vapaa-aikanaan, joten hän kysyi Ammalta, "Mitä teet kun olet yksin?" Kaikki nauroivat, sillä tiesimme jo vastauksen: Amma ei ole koskaan yksin! Hänen ympärillään on aina ihmisiä, jopa hänen huoneessaan. Aina on loputtomia projektikokouksia, joku vierailee tai vähintään hänen avustajansa on aina hänen luonaan. Ammalla ei ole yksityiselämää...hän ei ole ikinä yksin.

Yllätykseksemme Amma vastasi selkeästi ja yksinkertaisesti, "Olen aina yksin."

"En usko sinua!" Mies vastasi. "Tarkoitan, mitä teet kuin sinulla ei ole kaikkia näitä ihmisiä ympärilläsi?"

Amma toisti, "Olen aina yksin. Vaikka useita ihmisiä olisi läsnä, tai vaikka ketään ei olisi paikalla, olen yksin. Näen kaikki itseni jatkeina; kaikki on yhtä tietoisuutta."

Mies ei vieläkään ymmärtänyt, joten hän tarjosi joitain vaihtoehtoja: "Kun olet yksin, luetko kirjoja, surffaatko Internetissä?" Kuului lisää naurua niiltä, jotka tunsivat Amman hyvin. Amma netissä? Voitko kuvitella sen? Et tietenkään.

Amma vastasi rauhallisesti, "Ulkoinen internet on sisäisen internetin ilmentymä. Minulla on korkein internet sisälläni, joten selaan sitä." Amma näkee kaiken Jumalan ilmentymänä, omana korkeimpana Itsenään. Mikään ei ole erillään hänestä.

Meidän tulisi yrittää nähdä maailma niin kuin Amma näkee sen. Alkuaikoina en koskaan käynyt paljon darshanissa, mutta katsellessani toisten saavan darshanin kuvittelin usein itseni henkilöksi Amman sylissä ja olin onnellinen. Jos voimme voittaa kateuden ja tuntea olevamme tuo toinen henkilö, joka saa rakkautta Ammalta, ja olemme onnellisia hänen puolestaan, elämämme rikastuu syvästi. Meidän tulisi jakaa tunne siitä, että jokainen on jollain tapaa yhteydessä. Todellisuudessa olemme kaikki muut...

Amma jakaa elämänsä, viisautensa ja äärimmäisen myötätuntonsa kenen tahansa kanssa, joka haluaa siihen osallistua. Hän sulautuu täysin meihin koskettaessaan meitä, nauraessaan kanssamme tai laulaessaan meille. Hän näkee jokaisen Itsensä jatkeena. Amma ei ole vain tavallinen ihminen, hän on rakkauden korkeimman asteen ruumiillistuma.

Luku 10

Irrottautuminen on rakkautta valepuvussa

"Koko maailma ja kaikki sen asiat ovat käytettävissämme – eivät omistuksessamme. Olemme unohtaneet kuinka käyttää maailmaa ja sen sijaan vaadimme siltä onnea."

– Amma

Puhdas ilo nousee epäitsekkäästä antamisesta ja mielenrauhan saa toisten pyytettömästä palvelemisesta. Ihanteellista olisi, jos liikkuisimme elämän läpi rakastaen kaikkia, mutta pysyen hieman irrallisina. Jos yritämme löytää onnea ulkopuolisesta maailmasta, josta meillä usein on tapana etsiä sitä, tulemme pettymään löytäen sen sijaan turhautumista ja murhetta. Pysyvä onni voidaan saavuttaa vain myötätunnon ja irrottautumisen kautta.

Useimmat ihmiset käsittävän irrottautumisen todellisen tarkoituksen väärin. Se ei tarkoita asioiden välttelemistä tai niiden käyttämisestä kieltäytymistä. Se ei tarkoita rakkauden ja läheisyyden kieltämistä ihmissuhteissa (eikä todellakaan tarkoita suklaasta kieltäytymistä!). Todellinen irrottautuminen on syvää ja täyttä myötätunnon tunnetta. Se on aidon rakkauden perusta, se on epäitsekkyyttä ja tarkoittaa asian tai ihmissuhteen perimmäisen luonteen täydellistä ymmärtämistä – irrottautuminen tarkoittaa sen ymmärtämistä, että ihmiset ja asiat eivät voi antaa meille kestävää onnea.

Ollessamme kiinnittyneitä johonkuhun ja johonkin, odotamme saavuttavamme onnen tuon henkilön tai tavaran kautta. Tämä väärinkäsitys johtaa odotuksiin ja toiveisiin. Lopulta kaikki kiinnittymiset johtavat meidät kohti jonkinasteista surua (varsinkin jos syömme liikaa suklaata!). Kun haluamme jotain joltakulta toiselta, koemme kiinnittymistä, emme rakkautta. Mitä usein kutsumme 'rakkaudeksi' on todellisuudessa kaupankäyntiä, 'Sinä annat minulle mitä minä tahdon ja minä annan sinulle mitä sinä tahdot.' Todellinen irrottautuminen sallii meidän rakastaa varauksetta ja palvella ilman mitään toiveita vastapalveluksesta. Toisten aidosti rakastaminen on erityisen vaativa tehtävä toteuttaa.

Ashramin asukkaiden mennessä rakentamaan taloja köyhille, erityisesti vuoden 2006 Intian tsunamin jälkeen, he kokivat usein vaikeuksia kuten sanallista väkivaltaa ja häirintää osalta niistä ihmisistä, joita he yrittivät auttaa. Kun he palasivat ashramiin ja kertoivat Ammalle vaikeuksistaan, he valittivat, "Amma, miksi meidän tulisi auttaa tuollaisia ihmisiä? He eivät nosta sormeakaan auttaakseen pienimmässäkään tehtävässä. He eivät arvosta työtämme lainkaan!" Amma selitti heille, että nämä ihmiset näyttivät yksinkertaisesti luontonsa. Vastauksena ashramin asukkaiden, henkisinä etsijöinä, tulisi myös näyttää luontonsa. Heidän tulisi olla esimerkkinä niistä hyvistä arvoista, joita Amma on heille opettanut.

On olemassa perinteinen tarina miehestä, joka yrittää pelastaa skorpionin hukkumasta. Aina kun hän ojentaa kätensä veteen pelastaakseen sen, häntä pistetään. Joku kysyy häneltä miksi hän yrittää pelastaa olennon, joka toistuvasti yrittää vahingoittaa häntä. Hän vastaa, että on skorpionin luonto pistää, mutta on hänen luontonsa yrittää auttaa, tuli mitä tuli. Hän tietää, että toisten auttaminen on tie taivaaseen.

Jos odotamme arvostusta kaikista hyvistä teoistamme, tulemme jatkuvasti pettymään. Sen sijaan, meidän tulee löytää tyytyväisyyttä yksinkertaisesti oikein tekemisestä. Innokkuudella ja oikealla asenteella jokainen suorittamamme teko voi olla kaunis kokemus. Vaikka kukaan ei koskaan tulisi näkemään sitä tai tietämään siitä, saamme iloa jonkin hyvän tekemisestä.

Ihmisissä roikkuminen ja sen haluaminen, että he pitävät meistä on kiinnittymisen muoto, joka tuo lopulta pettymyksen. Amma näyttää oman elämänsä kautta kuinka olla myötätuntoinen kaikkia kohtaan, jopa niitä, jotka ovat ilkeitä meille. Hän tarjoaa vain rakkautta ja anteeksiantoa jopa niille, jotka ovat julkisesti valehdelleet hänestä tai yrittäneet tappaa hänet. Hän opettaa meille kuinka rakastaa kaikkia, riippumatta heidän tunteistaan meitä kohtaan. Ei ole helppo saavutus olla niin riippumaton.

Kaikkien rakastaminen ei tarkoita jokaiseen sokeasti luottamista, meidän tulee silti käyttää omaa arvostelukykyämme. Nuori mies tuli luokseni ja kertoi hänelle yhtenä yönä Mumbaissa tapahtuneesta välikohtauksesta. Hän epäili oliko tehnyt oikein vai ei. Varas oli lähestynyt häntä kadulla, laittanut veitsen hänen kurkulleen ja vaatinut häntä luovuttamaan kaikki rahansa. Sen sijaan, että olisi tehnyt mitä varas sanoi, hän tarttui veitseen, löi varasta kasvoihin (murtaen hänen nenänsä) ja juoksi henkensä edestä, pitäen veitsen matkamuistona. Vakuutin hänelle, että tässä tapauksessa hän oli tehnyt aivan oikein.

Joskus on tärkeää taistella vastaan oikean asian puolesta. Elämässä tulee aivan varmasti esteitä vastaan. Meidän tulee säilyttää oikeanlainen henkinen asenne ja opetella sivuuttamaan esteet. Tässä tapauksessa, mies ei ollut vihainen varkaalle, joka yritti ryöstää hänet; itse asiassa, itsensä puolustaminen oli kaikkein myötätuntoisin teko, jonka hän olisi voinut tehdä. Ehkäpä se sai varkaan miettimään syvään pitäisikö hänen jatkaa huonoa uravalintaansa vai ei.

Meidän tulisi yrittää ymmärtää ihmisten perimmäistä luontoa. Kun muistamme kaikilla ihmisillä olevan vikoja, on helpompaa antaa anteeksi ja olla myötätuntoinen toisia kohtaan sen sijaan, että syyttäisimme heitä tai tuomitsisimme heidät heidän rajoitustensa tähden. Jos voimme säilyttää tämän ymmärryksen, se auttaa meitä olemaan empaattisia kaikkia kohtaan ja vie meidät lopulta epäitsekkään rakkauden perimmäiseen tilaan.

Ihmiset, jotka tulevat Amman ashramiin luulevat joskus, että koska se on pyhä paikka, kaikki ovat hiljaisia ja kilttejä, jatkuvasti uppoutuneita henkisiin harjoituksiinsa. Tämä saattaa vaikuttaa todelta kunnes menet chai-jonoon hakemaan kupillista teetä. Siellä saatat nähdä vähemmän pyhää käyttäytymistä. Kun halumme estetään, egosta nousee viha. Meidän tulee ymmärtää, että tämä on egon ja maailman luonto. Kasvomme muuttuvat happamiksi halujemme rynnätessä esiin.

Kuten Amma sanoo, "Meidän ei tulisi yrittää muuttaa sammakkoa elefantiksi tai elefanttia sammakoksi. Yritä nähdä toiset sellaisina kuin he ovat, ei sellaisena kuin haluaisimme heidän olevan. Kun menemme eläintarhaan, siellä on villejä eläimiä, leijonia ja tiikereitä. Jos menemme liian lähelle, se on vaarallista. Samalla tavoin meidän tulisi aina jättää väli sisällemme, erottaen itsemme siitä mitä tapahtuu ja yrittämällä tarkkailla sitä sivusta. Tällä tavoin voimme pysyä sisäisesti tyynen rauhallisina, huolimatta ulkoisista olosuhteista."

Jos voimme säilyttää sisäisen irrallisuuden, voimme nauttia maailmasta ilman, että kaikki sen ylä- ja alamäet vaikuttavat meihin haitallisesti. Tulee aina olemaan ihmisiä, joita rakastamme, niitä jotka ovat meitä kohtaan hyvin ystävällisiä ja toisia joista emme pidä, sillä heidän kanssaan on vaikea tulla toimeen. Huomaamme olevan helpompaa tuntea empatiaa niitä kohtaan, joista emme pidä, jos katsomme heidän menneisyyteensä ja yrittämme ymmärtää heidän ongelmansa, tuskansa ja kärsimyksensä. Tämä prosessi tuo esiin luontaisen myötätuntomme ja auttaa sitä kasvamaan. Oppiessamme tuntemaan ihmiset, jotka saavat meidät pois tolaltamme, huomaamme heillä usein olevan äärimmäisen surullinen tai haastava tausta.

Useimmiten emme ole tietoisia siitä, kuinka syvään toiset ihmiset kärsivät ja arvioimme heidät väärin. Ehkä niitä, jotka ovat vaikeita, pahoinpideltiin tai he eivät saaneet tarpeeksi rakkautta vanhemmiltaan. Amma sanoo, että jopa kohdussa ollessaan lapsi saattaa kasvaa väärin, jos rakastavat aikomukset eivät olleet hänen luomisensa taustalla. Ehkäpä henkilön vanhemmat olivat alkoholisteja tai narkomaaneja – nämä lapset kantavat usein pysyviä haavoja elämänsä läpi. Jos voimme ymmärtää tilanteita laajemman näkökulman kautta, voimme vapauttaa itsemme niistä orjuuden kahleista, jotka syntyvät tuomitsevasta tavastamme ajatella.

Amma kehottaa meitä, "Älä ole kuin kamera. Ole kuin peili." Heijasta, päästä irti ja ole irrallaan. Amma ei jää koskaan kiinni negatiivisiin tunteisiin; hän on puhdas heijastus, hän heijastaa rakkaudella ja peilaa itsemme takaisin meille. Hän ei pidä kiinni mistään, vaan antaa kaiken mennä lävitseen tuomitsematta. Me sitä vastoin olemme kuin kamera, joka ottaa kuvia joka tapahtumasta käyttääkseen niitä todistusaineistona. Riippumattomuudesta syntyvä uskomaton vapaus antaa Ammalle kyvyn tehdä mitä kukaan muu ei voi: rakastaa meitä jokaista varauksetta ja syleillä tuhansia ihmisiä, yksi toisensa perään.

Liikkuessamme maailmassa, meidän tulee oppia ymmärtämään muita oikein ja rakastaa kaikkia poikkeuksetta ja ilman odotuksia palkkiosta. Amma pyytää meitä ymmärtämään ihmisten tilanteita, heidän olosuhteitaan, heidän henkistä mielentilaansa ja palvelemaan heitä.

Luku 11

Sisäisen vapauden löytäminen

"Viha ei koskaan lopu vihaamalla, vaan yksin rakkaudella se parannetaan."

– Buddhalainen runonsäe

Jos emme voi päästää irti negatiivisista kokemuksista, jotka tapahtuivat meille menneisyydessä, emme voi ikinä kasvaa. Voimme parantaa tuskamme vain anteeksiannon kautta. Ihmiset satuttavat meitä pääasiassa koska he itse kärsivät. Kun kehitämme myötätuntoisen tavan nähdä ulkoisen julkisivun toiselle puolen, huomaamme kärsimyksen kauaskantoiset seuraamukset lukemattomissa elämissä. Tämä kärsimyksen kiertokulku jatkuu, kunnes irrottaudumme päänsisäisten käsitteidemme orjuudesta ja opimme antamaan anteeksi. Vaatii erittäin suuren luonteen antaa anteeksi, erityisesti jonkun toisen ollessa syypää.

Jumalan rangaistus tulee aivan varmasti niille, jotka satuttavat meitä. Meillä ei pitäisi olla mitään tekemistä rangaistuksen perille toimittamisen kanssa. On vahingollista toivoa kostoa tai rangaista ihmisiä siitä, miten he ovat satuttaneet meitä. Jokainen pyörii omassa karmisessa kiertokulussaan. Kaikki toisille tuottamamme kärsimys palautuu joku päivä takaisin meille – joten miksi satuttaa itseämme tulevaisuudessa janoamalla kostoa? Sen sijaan, oppikaamme omista vaikeista kokemuksistamme. Kuka tietää mitä me teimme edellisissä elämissä tuodaksemme kärsimystä omalle kohdallemme?

Amma antaa esimerkin, jos kävelemme pimeässä ja kompastumme piikkipusikkoon tai piikkilanka-aitaan, meihin sattuu. Sen sijaan, että päästäisimme irti ja keskittyisimme parantamaan kivun, pidämme kiinni piikkilangasta huutaen, 'Sinä satutit minua, päästä minut irti, päästä minut irti!' Itse pidämme siitä kiinni. Vaikka se olisi omaksi parhaaksemme, emme ole vielä valmiita päästämään otettamme kivusta, jota aiheutamme itsellemme. Tulee päivä, jolloin meidän on pakko päästää irti kaikesta. Miksi emme tekisi sitä mieluummin enemmin kuin myöhemmin, sen jälkeen kun olemme jo saaneet arpia niin paljosta itseaiheutetusta kärsimyksestä ja traumasta? Miksi emme antaisi anteeksi ja olisi vapaita?

On omaksi hyödyksemme oppia antamaan anteeksi. Mitä tulee kärsimykseen, jota meidän on pitänyt kokea, emme ehkä koskaan todella ymmärrä miksi sen piti tulla. On joitain asioita elämässä, joita emme voi koskaan ymmärtää, asioita, joita emme voi edes yrittää käsittää. Parantaaksemme itsemme, meidän tulee hyväksyä tämä kärsimys meille takaisin palaavana karmana (syyn ja seurauksen laki) ja antaa anteeksi niille, jotka olivat viestin välittämiseen lähetettyjä Jumalan apuvälineitä.

Eräänä iltapäivänä Amritapurin rannalla, Amma piti satsangin tulevasta Uudesta Vuodesta. Hän sanoi, että lupausten tekemisen sijaan meidän tulisi pyrkiä antamaan anteeksi. Jos olimme joutuneet riitoihin tai lopettaneet jollekin puhumisen, meidän tulisi olla se, joka pyytäisi anteeksi ja etsisi anteeksiantoa. Hän on pitänyt tämän satsangin moneen otteeseen sanoen, että jos meillä on vieraantuneita perheenjäseniä, meidän tulisi olla niitä, jotka ottavat yhteyttä ja antavat anteeksi. Tämän kyseisen tilaisuuden aikana eräs mies tajusi mitä hänen tulisi tehdä.

Istuessaan satsangissa hän lähetti sähköpostiviestin puhelimellaan isäpuolelleen ja pyysi anteeksi heidän huonoa suhdettaan. Hän pyysi anteeksiantoa ja sanoi, että vaikka he eivät olleet tulleet toimeen kahteenkymmeneen vuoteen, hän haluaisi aloittaa alusta. Hänen isäpuolensa liikuttui kovasti ja häkeltyi ilosta. Hän suostui heti uuteen alkuun. Kun kyseinen henkilö muutamaa kuukautta myöhemmin meni takaisin kotiinsa vieraillakseen äitinsä ja isäpuolensa luona, hän sai tietää, että hänen isäpuolellaan oli löydetty kuolemaan johtava syöpä ja hänellä oli vain muutama kuukausi elinaikaa.

Ihmissuhde, joka puhkesi kukkaan heidän sovinnostaan johti siihen, että tästä henkilöstä tuli isäpuolensa hoitaja tämän elämän viimeisten kuukausien ajaksi. Lopulta hän oli se ihminen, joka istui isäpuolensa vuoteella ja piteli tämän kättä kuoleman hetkellä. Heidän parantava aikansa yhdessä muodosti arvokkaan ihmissuhteen, josta tuli uskomaton henkinen matka heistä molemmille.

Meidän tulee oppia rukoilemaan niiden puolesta, jotka satuttavat meitä. Rukoilkaa, että voimme antaa heille anteeksi ja että he kykenevät kantamaan sen kivun ja kärsimyksen, joka heidän tulee kokea tekojensa takia. Päästäkää irti 'piikkipusikosta' ja ottakaa anteeksianto vastaan. Jos voitte tehdä tämän, elämä syleilee teitä takaisin hyvin suloisesti.

Eräs toinen henkilö jakoi kokemuksensa Amman satsang-ohjeen noudattamisesta.

"Nuorin veljeni oli töissä World Trade Centerissä useita vuosia. Hän oli rakennuksessa iskujen tapahtumapäivänä. Ensimmäisen koneen osuttua hänen rakennukseensa, hänen onnistui paeta usean kollegansa kanssa; he valmistautuivat menemään toiseen rakennukseen, kun toinen lentokone osui. He juoksivat ja pakenivat taas.

Viestintäyhteydet olivat poikki, joten emme tienneet koko päivänä oliko hän selviytynyt. Iskujen jälkeen veljeni ei koskaan puhunut kärsimyksestään ja traumastaan. Hän ei koskaan hakenut terapiaa, hän ei puhunut vaimolleen eikä minulle asiasta; hän vain yritti olla niin kuin sitä ei olisi tapahtunutkaan. Tiesin hänen kärsivän, mutten tiennyt mitä voisin tehdä auttaakseni häntä.

Amma opettaa meitä rakastamaan perheenjäseniämme heidän kärsiessään, mutta sillä hetkellä veljelläni ja minulla ei ollut ollut säännöllistä yhteyttä viiteentoista vuoteen. Meillä oli monia perheongelmia ja tämä johti syvään etäisyyteen välillämme. Kuulin Amman satsangin siitä, että meidän tulisi kirjoittaa vieraantuneille perheenjäsenille, rukoilla heidän puolestaan ja lempeästi viestittää rakkaudestamme heitä kohtaan. Hän sanoi, että vaikket tietäisi mitä sanoa, lähetä sähköpostiviesti tai kirjoita heille lyhyt kirje ilmaisten rakastava huolenpitosi. Hän laittoi meidät sanomaan ääneen hallissa, että kirjoittaisimme perheenjäsenillemme. Näin ollen sitouduin kirjoittamaan. Tästä alkoi kahdentoista vuoden kirjoittelu veljelleni.

Joka vuosi syyskuun 11. päivänä lähetin hänelle lyhyen viestin. Ilmaisin rakkauteni ja ymmärrykseni hänen kärsimystään kohtaan, kuten myös kiitollisuuteni hänen elossa olemisestaan. Kerroin olevani aina läsnä jos hän haluaisi jutella. Vuosi toisensa jälkeen vaihtui, mutta hän ei ikinä vastannut. Amma opettaa meitä rakastamaan ilman odotuksia – joten joka vuosi lähetin viestin ja jatkoin rukoilemista. Muutama vuosi sitten, syyskuun 11. päivänä, tunsin puhelimeni värisevän. Katsoin puhelinta ja ensimmäisen kerran vuosiin näin viestin veljeltäni. Hän oli lähettänyt kaikki viime vuosikymmenellä lähettämäni tekstiviestit takaisin minulle viestin kera, jossa luki, 'Tallensin tekstiviestisi joka vuosi ja luen niitä vuoden mittaan. Sinulla ei ole aavistustakaan kuinka paljon ne ovat merkinneet minulle koko tämän ajan.'

Selasin ja luin viestit, joita olin lähettänyt hänelle kerran vuodessa – vuosikausia – tietämättä oliko hän lukenut ne, oliko hän pitänyt niistä tai olivatko ne tuoneet hänelle lohtua. Aloin itkeä. Amma näytti minulle, että rakkaus ja sovinto ovat jopa voimakkaampia kuin terrorismin aiheuttama kärsimys. Kuten kiveen putoavat vesitipat, lopulta rakkaus tulee voittamaan."

Meillä on elämässämme mahdollisuus valita: joko voimme pudota suurempaan kärsimykseen tai voimme kiivetä kohti anteeksiantoa ja sisäistä rauhaa. Pitää olla uskomattoman rohkea ja nöyrä kävelläkseen anteeksiannon tietä – useimmat ihmiset eivät ole aivan valmiita tähän sankarilliseen seikkailuun. Henkisen etsijän tulee muistaa, että voimme nousta korkeammalle vain anteeksiannon avulla, oli se kuinka vaikeaa tahansa. Jos pidät kiinni menneisyydestä, se ei auta sinua lainkaan. Jos haluat liikkua kohti Jumalaa, sinun tulee oppia antamaan anteeksi ja unohtamaan.

Kun kasville annetaan lantaa, mitä kasvi tekee? Se imee mineraalit itseensä haisevasta lannoitteesta ja käyttää niitä kasvaakseen. Se ei ajattele, 'Voi, mitä oletkaan tehnyt minulle?' Kukat kukoistavat, imien itseensä vain ravinteet ja käyttäen niitä kukkiakseen kauniiksi kukiksi. Juuri tällä tavoin, anteeksiannon myötä meistä voi tulla suurenmoisia henkisiä kukkia, jotka antavat epäitsekkään rakkauden harvinaista tuoksua.

Ei ole mitään tarvetta jakaa heikkouksiasi kaikkien kanssa, sillä tämä palvelee ainoastaan niiden vahvistumista ja lujittumista. Tehdessäsi virheen, yksinkertaisesti huomioi se ja hyväksy hiljaa; kulje kohti pyrkimystä olla toistamatta sitä. Pyri kehittämään nöyryyttä olla onnellinen jonkun osoittaessa puutteesi. Olisi niin hyödyllistä jos voisimme olla kiitollisia kun meitä korjataan.

Virheiden tekeminen voi tehdä kipeää, mutta yritä muistaa, että tämä kipu vain tulee estääkseen meitä satuttamasta itseämme. Jokaisella tekemällämme teolla on sen mukana tulevat seuraukset. Meidän ei pitäisi syyttää toisia ajatellen, 'Se on heidän vikansa, ei minun.' Kun otamme vastuun teoistamme, niin monia siunauksia alkaa ilmaantua elämään.

Olemme aina valmiita kertomaan kaikille saavuttaessamme jotain suurta tai tehdessämme jotain erityisen hyvin. Se sopii, mutta meidän tulee myös myöntää itsellemme, että teemme joskus virheitä. Tämä voi olla erittäin vaikeaa, mutta älä huolehdi, ympärillä tulee aina olemaan monia ihmisiä, jotka huomauttavat virheistämme, vioistamme ja epäonnistumisistamme. Elämä tarjoaa loputtomia mahdollisuuksia kehittää nöyryyttä.

Muistan tarinan, kun Amma nuhteli ankarasti yhtä swameista, joka oli järjestänyt lentomme Amman Euroopan kiertueelle aikaisin Vijaya Dashamin (juhla, jota vietetään pahuuden voittamisen kunniaksi) aamuksi. Tämä tärkeä juhla Intiassa merkitsee erittäin hyväenteistä aikaa aloittaa lasten opetus. Amma oli tuohtunut, sillä hän halusi olla kaikkien kanssa ashramissa tänä aikana. Sen sijaan tämä swami oli järjestänyt yhden ylimääräisen vapaapäivän Saksassa saapumisemme jälkeen. Amma ei ollut asiasta lainkaan iloinen.

Lähtiessämme Amma soitti syylliselle autosta ja nuhteli tätä sanoen, "Miksi teit tämän? Miksi laitat minut lähtemään tänä erityisenä ajankohtana? Halusin olla lasteni kanssa!" Siellä missä swami oli, toisella puolella maailmaa, kello oli kolme tai neljä aamuyöstä. Puhelinyhteys oli huono ja hän ei ymmärtänyt kunnolla mitä Amma sanoi. Oli selvää, ettei Amma ollut tyytyväinen häneen, mutta sen sijaan, että olisi pahastunut, hän ajatteli kuinka siunattua oli kuulla Amman ääni niin hyväenteiseen aikaan aamulla. Hän oli haltioitunut, sillä tiesi kaiken Ammalta tulevan olevan siunaus, oli se sitten mitä tahansa. Jopa nuhtelu osoittaa, että Amma todella välittää ja haluaa ohjata meitä täydellisyyteen. Sydämessään ilo Amman sanojen kuulemisesta, hän lopetti puhelun, istui alas ja sävelsi bhajanin.

Se oli niin hieno tapa häneltä hyväksyä virheensä. Siinä häntä kuritettiin, mutta nöyrällä asenteella kuullen gurun ääni siunauksena, hän muutti nuhtelun jumalaiseksi musiikiksi. Meillä on valinta kaiken luoksemme tulevan kohdalla. Taistelemmeko ja annammeko egomme nousta? Vai antaudummeko ja muutammeko tilanteen suurenmoiseksi sävelmäksi, jonka voimme jakaa maailman kanssa?

Emme voi hallita tilanteita tai tapahtumia, jotka tulevat eteemme elämässä. Ainoa asia, jota voimme hallita on se asenne, jolla hyväksymme ne. Ponnistelkaamme muuttaaksemme kaiken ilahduttaviksi bhajaneiksi, joita voimme laulaa Amman kanssa joka ilta.

Luku 13

Mielen hirviö

"Neljä vaikeinta tehtävää maailmassa eivät ole fyysisiä tai älyllisiä haasteita, vaan henkisiä: anna rakkautta vihasta; ota syrjityt mukaan; anna anteeksi ilman anteeksipyyntöä ja ole valmis sanomaan, 'Olin väärässä.'"

– Tuntematon kirjoittaja

Meidän tulisi pyrkiä löytämään mielenrauha erilaisten raskaiden tilanteiden kautta. Tyyneyden säilyttäminen kaiken aikaa on erittäin vaikeaa, mutta se on todellinen merkki henkisyyden puhkeamisesta kukkaan. Mielen aallot yrittävät aina vetää meitä alaspäin ja hukuttaa meidät mayan (illuusio) valtamereen, jossa tämä maailma kelluu. Nämä mielen aallot voivat olla vahvempia kuin tsunami – ne yrittävät tuhota kaiken. Ponnistelumme ja henkiset harjoitukset auttavat meitä säilyttämään tasapainon elämän tuntuessa nuorallakävelyltä, mutta ne eivät aina riitä viemään meidät monimutkaisten tilanteiden läpi oikeanlaisella asenteella. Tästä syystä tarvitsemme täydellisen mestarin ohjausta.

Himalajalla on joogeja, jotka ovat istuneet vuosikymmeniä meditoimassa, mutta kun heidän on aika hakea ateriansa, he saattavat riidellä keskenään siitä kuka saa mennä ensin. He saattavat tehdä kaikkein intensiivisintä tapasta (askeettiset harjoitukset), mutta silloin tällöin todella pienet asiat voivat saada jopa kaikista kokeneimmat joogit pois tolaltaan. Ainoastaan gurun syvän armon kautta egon itsepäinen varjo voidaan saada asteittain tuhottua.

Meidän täytyy ansaita se armo, joka antaa mielemme pitää kiinni rauhallisesta tietoisuudesta. Tämä tietoisuus on mahtavin ase, jota voimme käyttää tuhotaksemme sisällämme oleskelevat hirviöt. Tarvitaan Amman kaltaisen täydellisen mestarin armoa ja voimaa voittaa nämä hirviöt. Hänen rakkautensa ja ohjauksensa sulattaa lopulta takuuvarmasti kaikki negatiivisuutemme ja kärsimyksemme.

Rukoilen usein, 'Anna elämäni olla Amman palveluksessa ja anna minun saada voimaa

palvella maailmaa.' Poikkeuksetta ajatelles-
sani näin, toimistoni ovikello soi ja huokaan
itselleni 'Kuka nyt häiritsee minua?' Menen
katsomaan mitä henkilö haluaa. Yleensä se on
joku, joka tulee auttamaan ja olen pahoillani,
että ärsyynnyin. Palaan sevani pariin ja ovikello
soi uudestaan...joskus heti istuttuani alas...ja
niin näytelmä jatkuu.

Sitten muistan ja ajattelen, 'Mitä minä oike-
astaan rukoilen? Tämä on mahdollisuus toteut-
taa rukoukseni ja palvella jotakuta,' mutta pian
unohdan sen jälleen. Amma muistuttaa meitä
aina siitä, että vaikka olisimme eläneet henkistä
elämää kuinka kauan tahansa – olemme aina
aloittelijoita. Voimme asua mahatman lähellä
vuosikymmeniä, mutta ellei sisäinen asenteem-
me ole vilpitön ja hienostunut, emme kasva
tai saavuta todellista mielenrauhaa. Voimme
istua Amman vieressä vuosikausia, mutta
tämä ei takaa mitään ellemme opi käyttämään
mieltämme oikein. Ei riitä, että vain istumme
Amman vieressä, meidän tulee myös laittaa
hänen opetuksensa käytäntöön elämässämme.

Ashramin alkuaikoina Amma laittoi mei-
dät meditoimaan kahdeksan tuntia päivittäin,

mikä oli suunnattoman vaikeaa. Hän myönsi myöhemmin, että yksi syy siihen, miksi hän pyysi meitä tekemään näin oli koska syytimme aina ulkoisia olosuhteita ongelmistamme. On niin helppoa langeta ajattelemaan, 'Tuo henkilö aiheutti vaikeuteni! On kaikkien muiden syy, että minulla on ongelmia!' Istuessamme harjoittamaan meditaatiota, näemme mitä omassa mielessämme todella on. Jos olemme rehellisiä, huomaamme olevamme itse kaikkien ongelmiemme perimmäinen syy. Amma haluaa meidän ymmärtävän, että meidän tulee tehdä töitä itsemme eteen sen sijaan, että syyttäisimme muita sotkuisista tilanteista elämässämme.

Amman läheisyydessä oleminen ja hänen katselemisensa on todella kaunis kokemus. Tiedän olevani uskomattoman onnekas saadessani mahdollisuuden olla niin lähellä Ammaa. Ollessamme ashramin ulkopuolella ja matkustaessamme asuntoautolla pitkiä välimatkoja, Amma saattaa mennä lattialle makaamaan levätäkseen. Johtuen äärimmäisistä tuntimääristä, joita hän viettää istuen ilman mahdollisuutta venytellä, Ammalla ei ole erityisen hyvä verenkierto jaloissaan, joten yritän joskus hieroa hänen jalkojaan. Tämä on yksi niistä harvoista, pienistä mukavuuden hetkistä, joita hän sallii elämässään itselleen, että hän joskus erittäin harvoin sallii jalkojaan hierottavan. Jopa silloin hän ajattelee ensin minua.

Toisinaan, jos istun lattialla ja haluan hieroa hänen jalkojaan, Amma venyttää jalkansa kohti minua. Hän taivuttaa kehoaan täysin epämukavaan asentoon tehdäkseen minulle käytännölliseksi ja helpoksi tavoittaa hänet. Tunnen itseni hyvin surulliseksi siitä, että tuona yhtenä levon hetkenään hän on valmis tekemään olonsa epämukavaksi, jotta minulla olisi mukava olla.

Ammasta tuolla hetkellä lähtevät värähtelyt riittävät rauhoittamaan mielen villit pedot. On ollut hetkiä, jolloin olen todennut kyynelehtiväni ajatellessani miten onnekas olen ollessani fyysisesti hänelle läheinen. Amman läsnäolo voi luoda värähtelyjä, jotka sulattavat mielemme ja kesyttävät ne säälimättömät pedot, joita pidämme häkissä sisällämme, muuttaen ne kilteiksi pikku kissanpennuiksi.

Joskus koskettaessani hänen jalkojaan, ajattelen kaikkia niitä ihmisiä, jotka ajoittain ärsyttävät minua ja visualisoin meneväni heidän luokseen ja sanovani, 'Olen pahoillani. Annan sinulle anteeksi.' Kaikki negatiivisuuteni sulavat ja haluan olla ikuisesti hyvä ja antautua kaikille olosuhteille. Niina hetkinä hänen värähtelynsä luovat niin paljon rakkautta minussa, että egon valama rautamuuri hajoaa täysin.

Ongelmana on, että muuri murtuu vain hetkellisesti. Jonkin ajan kuluttua, kun olen lopettanut hänen jalkojensa pitelyn, se rakentuu taas hitaasti takaisin ja mietin, 'Noh, ei minun oikeasti tarvitse sanoa sille henkilölle mitään ...'

Vain yksi kosketus Ammalta voi saada kaikki negatiivisuutemme haihtumaan ilmaan. Valitettavasti annamme niiden yleensä tulla taas takaisin aivan liian nopeasti. Ego tulee alati takaisin vainoamaan meitä. Amma voi murtaa sisällämme olevat muurit, mutta on meidän tehtävämme olla rakentamatta niitä uudestaan. Onneksi Amma antaa meille jatkuvasti anteeksi ja rohkaisee meitä toistuvasti käyttämään arvostelukykyämme tehdäksemme oikein. Vaaditaan kokonaisia elinikiä henkisiä harjoituksia mielen negatiivisen virtauksen uudelleen kouluttamiseen, sekä sen voiman ja jumalaisen armon ansaitsemiseen, jota tarvitaan saavuttaaksemme tavoitteemme nähdä ja kokea jumaluus kaikkialla.

Olemme täällä oppiaksemme kuinka hallita mielemme, jotta voimme nähdä luomakunnan todellisen kauneuden, kuten Amma tekee. Meidän tulee lopettaa syyllisyyden projisointi toisiin ja olla iloisia siitä mitä meille annetaan. Jokainen luoksemme tuleva hankala ongelma on itse asiassa kaunis opetus valepuvussa. Kaikki on Jumalan suunnittelemaa, jotta oppisimme jotain mikä auttaa meitä voittamaan kärsimyksemme.

Ongelmana on, että luotamme viholliseen, joka yrittää aina huiputtaa meitä: mieleemme! Teemme tästä hullusta mielestä parhaan ystävämme ja luotamme kaikkiin järjettömiin asioihin, joita se kertoo meille.

Amma ymmärtää mitä tarvitsemme avuksemme saavuttaaksemme tyynen näkemyksen tilan, meidän ei tulisi epäillä tätä, mutta ei ole välttämättä helppoa muistaa tätä totuutta mayan tummien pilvien pimentäessä arvostelukykymme. Amma on sanonut, että Jumalan näkeminen ja tunteminen voi olla helppoa, mutta on äärimmäisen vaikeaa olla joutumatta mayan hampaisiin.

Sano itsellesi, 'Anna minun olla läsnä vain tässä hetkessä ja käyttää arvostelukykyäni. Kaikki mitä tulee luokseni, tulee siksi, että voin oppia jotain tärkeää.' Vaikka saatamme ajatella jonkun toisen henkilön tai ulkoisen tilanteen aiheuttavan ongelmamme, se ei ole totta. Kaikki kärsimyksemme tulevat ainoastaan oman mielemme hirviöiltä. Pyri hallitsemaan noita pahoja petoja ennen kuin ne nielevät sinut. Jos ponnistelemme tietoisesti hallitaksemme niitä, saamme lopulta tarvittavan henkisen voiman sulattaa kaikki negatiivisuutemme lopullisesti.

Vaatii ikuisuuksia kestävää tietoista yritystä tulla hyväksi, jotta saavuttaisimme jumaltietoisuuden lopullisen päämäärän. Ennen kuin meidän täytyy jättää tämä keho, miksi emme yrittäisi parhaamme mukaan elää hyveellistä elämää, pikkuhiljaa, miten vain voimme. Mitä enemmän yritämme, sitä helpompaa siitä tulee. Jos yritämme parhaamme, Amman armo tulee takuulla lopulta viemään meidät jumaltietoisuuden perimmäiseen päämäärään.

Luku 14

Amma sulattaa pois kaikki negatiivisuudet

*"Luopuminen tarkoittaa oikeanlaista
asennetta. Jos irrottaudut henkisesti,
voit pitää koko maailman lähelläsi
eikä se koskaan vaikuta sinuun."*

– Amma

Jos pysymme pinnalla olemassaolon aaltojen
uhatessa hukuttaa meidät, niin aalloissa leikki-
misestä tulee ilahduttava kokemus. Kun pyrim-
me näkemään ilon elämässä ja voimme pysyä
kiitollisina, erityisesti haastavien aikojen läpi,
elämästä tulee arvokas lahja, joka vie meidät
henkisyyden huipulle. Tämän saavuttamiseksi
meidän tulee voimistaa hyviä ominaisuuk-
siamme, mikä auttaa vähentämään negatiivisia

taipumuksiamme. Kaiken itsekkyytemme pois sulattaminen ei ole helppo tehtävä.

Ainoa tapa vapauttaa itsemme henkisestä kärsimyksestä ja sisällämme asuvista demoneista on tunnistaa niiden oikea luonne. Todellinen luontomme on puhdas rakkaus – mutta on vaikeaa, melkein mahdotonta rakastaa ihmisiä ollessamme poissa tolaltamme tai todella vihaisia heille. Eräs tuntemani tyttö tunnusti haaveilevansa ihmisten silmämunien ulos kynsimisestä hänen ollessaan vihainen. Niin monilla ihmisillä on nykyään väkivaltaisia fantasioita pyörimässä mieliensä sisällä; jopa hindulaisissa pyhissä kirjoituksissa kerrotaan joogista, joka tuli niin vihaiseksi, että muutti linnun tuhkakasaksi vain yhdellä katseella.

On tärkeää kehittää sisäistä irrottautumista näiden vasanoiden (negatiiviset taipumukset) noustessa sisällämme. Meidän tulisi huomioida ne ja yrittää muuttaa niitä, mutta meidän tulee myös varoa inhoamasta itseämme niiden takia. Sanomalla itsellemme, 'Olen hirveä, sillä minulla on tämä ja tuo vika,' ainoastaan vahvistamme kiinnittymistämme negatiiviseen. Pyri huomioimaan ne tavat, jotka sinun tulisi muuttaa ja pyri muuttamaan ne ilman, että tulet vihaiseksi itsellesi. Älä huolehdi – kaikilla on vikoja – tee vain parhaasi jynssätäksesi ne puhtaaksi.

Emme voi aina rakastaa kaikkia, mutta voimme ainakin yrittää olla olematta vihaisia heille ollessamme poissa tolaltamme. Ainoa asia, mikä estää sisällämme olevan rakkauden puhtaan olemuksen tulemasta esiin, on vihamme ja egomme. Jos annamme tietoisuuden täyttää mielemme, vihalle ei ole mitään sijaa. Jumalan tietoisuudesta kiinni pitäminen jokaisessa hetkessä auttaa negatiivisuuksiamme pehmenemään ja hajoamaan. Ne voivat kadota yhdessä vilauksessa positiivisen ajatuksen noustessa korvaamaan ne.

Muutama vuosi sitten ollessamme kiertueella Mauritiuksella, joukossamme oli eräs teinipoika, joka oli joskus hieman ilkikurinen. Joku päätyi nuhtelemaan häntä sanoen, "Olet niin tuhma! Olet niin huonotapainen! Sinun ei todellakaan tulisi käyttäytyä näin!" Katsoessani tilanteen etenemistä kuvittelin pojan menevän minä hetkenä tahansa poissa tolaltaan, mutta hän pysyi vain rauhallisena, irrallaan tilanteesta ja hymyilevänä. Vaikutuin hänen itsehillinnästään. Teini-ikäisten on äärimmäisen vaikeaa pysyä hiljaa ja paikallaan (etenkin kun heille huudetaan), mutta sen sijaan, että hän olisi tullut vihaiseksi ja reagoinut, poika pysyi hiljaa koko kanssakäymisen ajan.

Myöhemmin sain selville, että poika oli löytänyt läheisen Pizza Hutin. Ennen nuhtelua hän oli mennyt ja ostanut pitsaa sekä virvoitusjuoman ja tuonut ne takaisin ohjelmaan. Hän oli suorastaan autuaassa tilassa saatuaan muutakin syötävää kuin intialaista ruokaa. Moitteetkaan eivät voineet karistaa hänen onnellista mielentilaansa. Hän mutusteli pitsaansa ja hänen ainoa vastauksensa toruille oli hymyillä samalla vastaten, "Voit sanoa minulle mitä vain, se ei haittaa. Sillä minulla on pitsani ja olen onnellinen nyt!" Nautin tästä ihastuttavasta esimerkistä täydellisestä hetkessä pysymisestä.

Meidän tulisi nähdä oma elämämme samalla tavoin. Meillä on Amma ja tästä syystä meillä on kaikki. Meillä on niin paljon enemmän kuin useimmilla ihmisillä maailmassa. Me olemme merkittävimmän koskaan eläneen mahatman kanssa. Meidän tulisi nähdä elämämme niin kuin tämä poika näki pitsansa. Niin kliseiseltä kuin se kuulostaakin, Amma on meidän 'deluxe pitsamme kaikilla täytteillä!'

Totuus on niin yksinkertainen, mutta niin helppo unohtaa – mieli yrittää jatkuvasti huiputtaa meitä. Meidän ei tulisi ikinä ystävystyä häilyväisen mielen kanssa, sillä kuten painovoiman virta, mielen luonto on vetää meidät alas kohti negatiivisuutta. Voimme käyttää esimerkkinä ämpärillistä rapuja. Jos yksi rapu yrittää kiivetä vapauteen, toiset ravut ottavat siitä nopeasti ja lujasti kiinni ja vetävät sen alas. Jos saavin pohjalla olevat ravut eivät voi vapauttaa itseään, ne eivät salli muidenkaan vapautua. Tämä klassinen esimerkki tunnetaan nimellä 'rapusyndrooma'. Jos olemme jumissa kurjuudessa ja levottomuudessa, saamme vain hieman mielenrauhaa tietäessämme muiden olevan myös onnettomia.

Länsimaissa suuri osa valtavirtaa edustavasta psykologiasta ehdottaa syvälle tunteisiimme menemistä ja luvan antamista itsellemme tarkastella niitä ja tuntea ne niin syvästi kuin mahdollista. Ajatukset ja tunteet ovat katoavaisia ja perustuvat alati muuttuvaan mieleemme, joka on juurtuneena mayaan. Ne vaihtuvat jatkuvasti, joten miksi pidämme niitä niin tärkeinä? Jos annamme itsemme sortua niihin, ne saavat enemmän voimaa kuin ansaitsevat ja autamme niitä vain saavuttamaan suuremman otteen meistä.

Tiedän oppilaan, joka opiskeli psykologiaa jonkin aikaa, mutta tunsi mielensä olevan enemmän häiriintynyt sen takia. Työskenneltyään vuoden terapeutin kanssa, joka rohkaisi häntä sukeltamaan syvälle ajatuksiinsa ja tunteisiinsa, hänen mielestään tuli niin levoton, että hän tarvitsi lääkkeitä pystyäkseen nukkumaan öisin. Kuten rantaan lyövät meren aallot, tunteemme muuttuvat alituisesti. Älä anna niille niin paljon painoarvoa tai ne vetävät sinut kukaties minne. Pysy vain irrallaan ja katsele rannalta kuinka aallot virtaavat sisään ja ulos.

Olen huomannut omassa elämässäni, että jos pysyn kiireisenä suurimman osan ajasta, keskittyen palvelutyöni tekemiseen, antamatta henkilökohtaisten tuntemusten tulla tielle, minusta pidetään huolta. Meillä on tapana uskoa, että meidän täytyy aina ajatella ja tuntea ja olla kosketuksissa alati vaihtuvien, hetkellisten tunteidemme kanssa. Mutta kun ajattelemme liikaa, on helppoa tulla viedyksi ei niin ihanaan maailmaan, joka on täynnä kuvitteellisia ongelmia. Meitä heitellään ympäriinsä ajatusten pimeässä ja sekavassa valtameressä ja sitten iskeydymme kiviä vasten moneen otteeseen. On paljon parempi yrittää kanavoida energiamme johonkin myönteiseen tai toistaa mantraa, kuin eksyä harhaisiin ja petollisiin ajatuksiin.

Sanotaan, että Jumala loi kaiken tässä maailmassa paitsi egon. Se oli ihmisen luomus ja siksi se on niin vahvana meissä. Emme selviydy egosta yksin – olemme liian lähellä sitä emmekä näe sitä selkeästi. Varjon lailla se seuraa meitä kaikkiin tilanteisiin. Ainoa taattu keino hajottaa se pysyvästi on tehdä se täydellisen mestarin armon avulla.

Jos otamme Amman oppaaksemme, meille käytännössä taataan, että häiriköivän egon päivät ovat luetut. Jotkut sanovat, ettemme tarvitse henkistä mestaria ja että valaistumisen voi saavuttaa itse, mutta se ei ole oikeasti totta. Vain hyvin, hyvin harvinainen osa ihmisistä soveltuu tielle ilman mestaria. Useimmat meistä eivät sovellu. Gurun kanssa olemisen kauneus on, että hän voi erottaa meidät egostamme ja ottaa pois kaiken kärsimyksen ja tuskan, korvaten sen rakkaudella.

Luku 15

Epäitsekäs palvelutyö johtaa armoon

"Se on kaikki oikeastaan hyvin yksinkertaista. Sinun ei tarvitse valita ollako ystävällinen itsellesi vai muille. Se on yksi ja sama asia."

– Pierre Ferrucci

Amma muistuttaa meitä, ettei aurinko tarvitse kynttilänvaloa; samalla tavoin Jumala ei tarvitse meiltä mitään, sillä Jumala on kaiken antaja. Meidän tulisi ymmärtää, että hyvien tekojen ja palvelutyön tekeminen on ainoastaan omaksi hyväksemme. Armo virtaa niille, jotka tekevät epäitsekästä työtä ja joiden elämät ilmentävät henkisiä periaatteita, vaikka he eivät olisikaan 'uskonnollisia'. Yksi merkittävimmistä Ammalta oppimistani asioista on epäitsekkään palvelutyön voima tehdä kanava Jumalan armolle.

Jos joku kysyy sinulta, 'Voitko auttaa minua tässä?' auta häntä. Tämä on Jumala valepuvussa. Hän on tullut antamaan sinulle mahdollisuuden avata sydämesi ja sulattaa itsekkyytesi. Suurimmassa osassa tapauksista tavat, joilla voimme auttaa ovat melko yksinkertaisia. Ne eivät vie paljon aikaa tai ponnistelua, ja kuka tietää miten paljon armoa voimme ansaita tekemällä tällaisia tekoja. Sinua siunataan enemmän auttaessasi toisia, kuin jos viettäisit viikkoja meditaatiossa. Pienet, epäitsekkäät ja yksinkertaiset, eivätkä mitenkään ihmeelliset teot, houkuttelevat armon luoksemme. Amma on sanonut toistuvasti kuinka hänen mielensä muistaa ne, jotka viattomasti tarjoavat apuaan, etenkin silloin kun heidän ei tarvitse.

Vuoden 2013 Euroopan kiertueella, matkustaessamme kohti Hollantia, meille oli varattu pysähdys myöhään iltapäivällä järven rannalle, jossa Amman oli tarkoitus tarjoilla kaikille aikainen illallinen. Ruokalista oli jo valmisteltu: ranskalaisia perunoita ja intialainen ruokalaji, tehty höyrytetyistä riisipalloista, joissa oli makea täyte. Odottaessamme kiertueen jäsenten bussien saapumista keittiöhenkilökunta alkoi valmistella illan ateriaa. He asensivat hellat ulos ruohikolle mukanaan suuret vadit ruokaöljyä ranskalaisten paistamiseen. Odotimme yli tunnin bussien saapumista, mutta sinä aikana mukava iltapäivä muuttui kylmäksi, pimeäksi ja erittäin tuuliseksi illaksi. Amma päätti, että meidän tulisi sittenkin ajaa kohti Hollannin ohjelmapaikkaa.

Ajaessamme ulos puistosta huomasin, että keittiöhenkilökunta oli edelleen paikallaan kuumat öljykattilat helloilla ja lukemattomat ruoka-aineet ympärillään. Olin pahoillani heidän puolestaan ja mietin miten he saisivat täynnä kuumaa öljyä olevat kattilat kuljetettua turvallisesti. Jotenkin he onnistuivat.

Saavuttuamme hallille, Amma päätti ruokkia kaikki paikalle saapuneet, eli reilusti yli 400 henkeä. Keittiöhenkilökunta paistoi perunat ja valmisti koko ruoan ennätysajassa. Amma jakoi aterian, tehden kaikki iloisiksi. Useille ihmisille ohjelmassa tämä oli ensimmäinen tilaisuus vastaanottaa ateria henkiseltä mestarilta (perinteisesti sen tulisi mennä toisinpäin, mutta Amma ei ikinä seuraa tätä perinnettä. Hän on aina se, joka tarjoilee meille). Aivan lopuksi, juuri ennen kuin Amma oli nousemassa, hän ojensi kätensä ja piteli sen miehen kättä, jonka puolesta olin ollut eniten pahoillani: pääkokin, joka oli organisoinut hankalat valmistelut. Amma otti hänen kätensä ja suukotti sitä rakastavasti ilman mitään ilmiselvää syytä. Mies oli ihastuksissaan.

Kun emme pyydä mitään vastalahjaksi, meille annetaan enemmän kuin voisimme ikinä toivoa. Amman ei tarvitse nähdä meitä työssä tai edes kuulla siitä; hänen armonsa virtaa itsestään juuri oikealla hetkellä. Se on yksi kaikkein kauneimmista opetuksista: kun annamme, saamme takaisin niin paljon enemmän. Jos vain otamme läpi elämämme, mitä meille todella jää lopulta käteen? Kun olemme kokeneet antamisen arvon, ilo täyttää automaattisesti sydämemme. Meidät palkitaan tuhatkertaisesti.

Kun lopetamme itsemme ajattelemisen ja alamme keskittyä muihin, huomaamme Jumalan antavan meille kaiken tarvitsemamme. Meille ei ehkä anneta kaikkea mitä haluamme tai toivomme, mutta kun näemme uskon silmin, huomaamme, että tarpeistamme huolehditaan aina. Jos jotain puuttuu, Jumala yksinkertaisesti opettaa meille jotain tärkeää.

Hiljattain eräs henkilö, joka tekee paljon sevaa kertoi tarinan siitä, mitä tapahtui kun hänen uimahousunsa olivat hajoamassa ja hän tarvitsi uudet. Yllättäen Amman henkilökohtainen avustaja kutsui miehen luokseen ja kertoi, että Ammalla oli hänelle jotain. Mies oli hieman hämillään…mitä Ammalla voisi olla hänelle? Hänelle annettiin pieni paketti. Hän irrotti kuminauhan ja katsoi sisälle. Siellä olivat hänen vanhat uimahousunsa, jotka hän oli kadottanut Amritapurin uima-altaalla kaksi vuotta aikaisemmin! Joku Mauritiukselta oli tuonut ne Ammalle ja sanonut niiden jääneen paikalliseen ohjelmaan (miten hänen vanhat uimahousunsa olivat matkustaneet Mauritiukselle, oli täysi mysteeri). Amma puolestaan palautti ne miehelle…juuri ajoissa. Mies ymmärsi silloin Amman antavan meille kaiken tarvitsemamme juuri oikeaan aikaan.

Antaudu sille, mitä tuleman pitää ja ole iloinen siitä, mitä sinulla on. Muista, että Jumala pitää meistä aina huolta. Tämä on todella parhain sääntö, jonka mukaan elää.

Jos joskus näyttää siltä, ettemme saa kaikkea tarvitsemaamme tai että hyvistä teoistamme huolimatta kärsimme edelleen ilman syytä, meidän tulee muistaa, että mitä koemme nyt on menneisyydessä tekemiemme tekojen seurausta.

Meidän tulee olla tarpeeksi vahvoja kohdataksemme kaikki, mikä tulee elämässä vastaan, muistaen kaikkien vaikeuksien olevan valepuvussa olevia siunauksia. Jos taistelemme kaikkea vastaan, tulemme aina kärsimään. Päädymme usein ajattelemaan, 'Ei, tämä on väärin, tämä on virhe. Se ei ole oikein, se ei ole reilua!' Yritetään muistaa että kaikki on omaa kasvuamme varten, jotta sisällämme olevat piilevät kykymme tulisivat esille. Jos muistamme tämän, elämämme matkasta tulee paljon helpompaa.

Jos yritämme olla hyviä ihmisiä kohtaan, tuo hyvä tulee takaisin jonain päivänä. Emme voi tehdä mitään muuttaaksemme menneisyyttä. Jokaisella tekemällämme teolla on seuraus ja tuo seuraus tulee luoksemme nyt. Emme voi paeta sitä mikä on tulossa meille, mutta mitä teemme nyt määrittelee tulevaisuutemme. Emme voi pyyhkiä pois menneisyyttä, mutta voimme hallita negatiivisia reaktioitamme tässä hetkessä ymmärtämällä karman lain.

Jos rukoilemme ja pyrimme muuttamaan pahat tapamme tekemällä hyvää, satgurun armo voi estää osan osaksemme määrätystä huonosta karmasta. Hän ei ehkä ota kaikkea pois, sillä joskus meidän tulee kärsiä oppiaksemme jotain arvokasta; mutta jatkaessamme vilpittömästi ponnisteluamme olla hyviä, Amma voi vähentää kärsimystämme merkittävästi.

Jumala antaa kaikille aina juuri sen, mitä he tarvitsevat. Kun teemme henkisiä harjoituksia oikealla tavalla ja rukoilemme epäitsekkäästi muiden puolesta, kehitämme ajattelutapaa, joka mahdollistaa tämän totuuden muistamisen. Palvelutyössä on ihmeellistä se, että: antaessamme toisille saamme takaisin niin paljon enemmän.

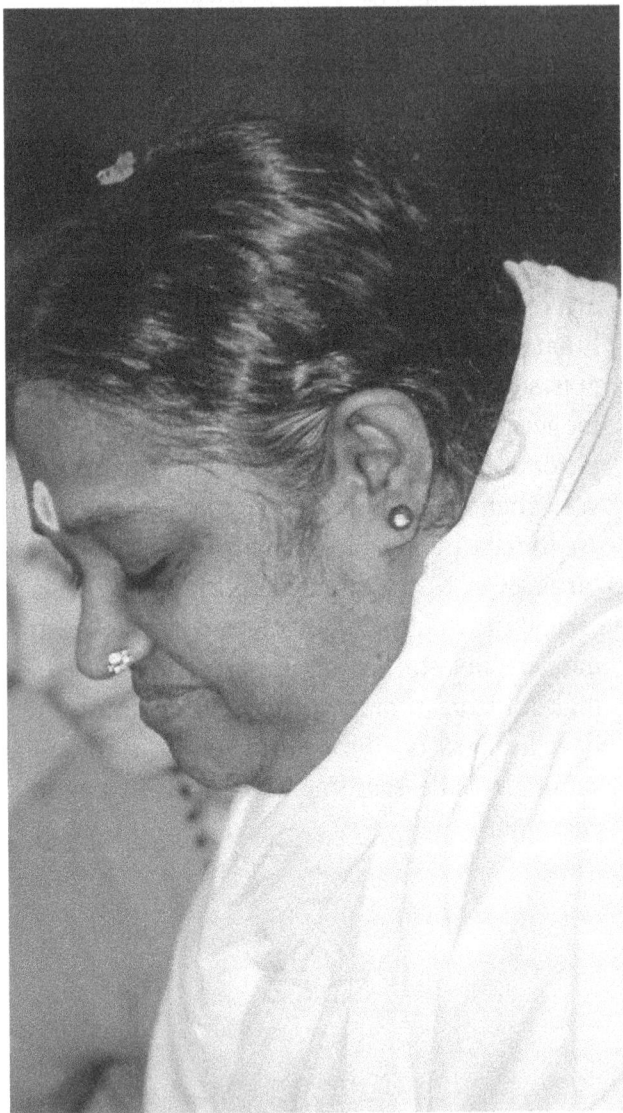

Luku 16

Jumala huolehtii meistä aina

"Jos pidämme huolen tästä päivästä,
Jumala pitää huolen huomisesta."

— *Mahatma Gandhi*

Luota, että Jumala tietää miten pitää huolta jokaisesta. Olemme koko luomakunnan ainoat olennot, jotka huolehtivat loputtomasti itsestään. Kun uskomme, että meistä tullaan aina pitämään huolta, voimme sen sijaan keskittää energiamme auttaaksemme toisia.

Raamatussa Jeesus sanoo, "Sentähden minä sanon teille: älkää murehtiko hengestänne, mitä söisitte tai mitä joisitte, älkääkä ruumiistanne, mitä päällenne pukisitte. Eikö henki ole enemmän kuin ruoka ja ruumis enemmän kuin vaatteet? Katsokaa taivaan lintuja: eivät ne kylvä eivätkä leikkaa eivätkä kokoa aittoihin, ja teidän taivaallinen Isänne ruokkii ne. Ettekö te ole paljoa suurempiarvoiset kuin ne? Ja kuka teistä voi murehtimisellaan lisätä ikäänsä kyynäränkään vertaa? Ja mitä te murehditte vaatteista? Katselkaa kedon kukkia, kuinka ne kasvavat; eivät ne työtä tee eivätkä kehrää. Kuitenkin minä sanon teille: ei Salomo kaikessa loistossansa ollut niin vaatetettu kuin yksi niistä. Jos siis Jumala näin vaatettaa kedon ruohon, joka tänään kasvaa ja huomenna uuniin heitetään, eikö paljoa ennemmin teitä, te vähäuskoiset? Älkää siis murehtiko sanoen: 'Mitä me syömme?' tahi: 'Mitä me juomme?' tahi: 'Millä me itsemme vaatetamme?'" (Matteus 6:25-32)

Useita vuosia sitten eräs Ammalle hyvin omistautunut mies sai tietää, että hänet todennäköisesti irtisanottaisiin työstään. Koska insinöörityötä oli vaikea löytää niihin aikoihin, hän tiesi, että ainoastaan armo voisi auttaa häntä. Amma oli Euroopan kiertueella, joten hän käytti Internetiä löytääkseen kaupungin, jossa Amma vieraili ja soitti yhteystietoihin merkittyyn puhelinnumeroon. Hän tiesi, että todennäköisyys siihen, että isäntä vastaisi puhelimeen

Amman vieraillessa heidän kaupungissaan oli vähäinen. Kuitenkin isäntä vastasi heti. Mies pyysi saada puhua erään tietyn swamin kanssa, joka 'sattumalta' seisoi puhelimen vieressä. Swami vastasi puheluun ja sanoi kertovansa Ammalle, että mies oli menettämässä työnsä.

Viisi minuuttia puhelun jälkeen miehen esimies vahvisti virallisesti tämän menettävän työnsä. Mies soitti heti takaisin swamille. Swami kertoi, että heti hänen astuessaan Amman huoneeseen, ennen kuin hän oli ehtinyt kertoa mitä oli tapahtunut, Amma sanoi, "Insinööripoikani soitti sinulle juuri ja on huolissaan työtilanteestaan." Amma jatkoi, "Hänen ei tulisi huolehtia; pidän huolen kaikesta."

Mies luotti täysin siihen, että Amma pitäisi hänestä huolta ja päätti iloisena viettää aikansa tehden sevaa San Ramonin ashramissa. Tehdessään palvelutyötään, erään insinöörin vaimo vieraili San Ramonissa ja kysyi häneltä tunsiko hän ketään, joka haki töitä. Nainen halusi palkata jonkun, jolla oli juuri ne taidot, jotka miehellä oli.

Meille annetaan kaikki tarvitsemamme pyytämättä. Jos voimme yrittää opetella luottamaan ja uskomaan siihen mitä annetaan, vaatimatta lisää, huomaamme siunausten vanan virtaavan luoksemme koko ajan.

Jumala rakastaa meitä todella ja tietää mikä on meille parasta, mutta olemme kuin lapsia, jotka haluavat vain sen mitä haluavat, emmekä näe siunauksia siinä mitä meille annetaan. Eräs opettaja, kertoo tarinan yhdestä oppilaastaan:

"Luokallani oli nyt menneenä vuonna eräs nuori mies. Hän pelasi jalkapalloa, oli komea, hurmaava ja ystävää kaikkien luokkatoveriensa kanssa. Hän oli erittäin älykäs, mutta kovin kuriton. Joka päivä hän tuli luokkaan iloisena ja leikkisänä, mutta kun oli aika tehdä töitä, hän alkoi marista ja valittaa katkerasti. "Opettaja, vihaan tätä tuntia, se on niin työlästä, tulen epäonnistumaan, en edes aio yrittää, en pysty siihen kuitenkaan, teet siitä liian vaikeaa." Joka päivä sama juttu.

Olin lempeä, mutta vaativa, myötätuntoinen ja tiukka, mutta sanoin aina, "Kyllä sinä pystyt ja kyllä sinä teet."

Minun täytyy nyt myöntää, että kaikki hänen valittamisensa häkellytti minua...kuukausi toisensa perään taistelu jatkui. Hänen arvosanansa putosi eikä hän voinut pelata jalkapalloa jos se oli alle C:n, joten hän tuli koulun jälkeen ja autoin häntä saamaan muut kiinni iltapäivällä. Mutta seuraavana aamuna samat vanhat valitukset jatkuivat taas. Turhautuneena aloin lopulta erottaa häntä ystävistään ja laitoin hänet istumaan toiseen huoneeseen, jotta hän voisi keskittyä. Hänestä tuli entistä vihaisempi ja vihamielisempi, mutta joka päivä lähetin hänet uudelle paikalle. Sitten vihdoin eräänä päivänä, kun kumpikaan meistä ei odottanut sitä, Amma tuli paikalle salaisella tavallaan. Poika alkoi hassuttella ja sanoin hänelle, "No niin, aika mennä taas itseksesi toimistoon." Hän alkoi nurista ja valittaa ja jatkoin, "Tiedätkö mikä todellinen ongelma tässä on?" Olin vakavissani ja hän tiesi sen.

Hän kysyi, "En, mikä todellinen ongelma on?"

Sanoin, "Kultaseni, todellinen ongelma on, että ajattelet minun rankaisevan sinua, mutta en tee sitä. Todellinen ongelma on, ettet vain tiedä, että tämä on miltä rakkaus näyttää." Hän pysähtyi täysin keskelle huonetta... oli hiirenhiljaista. Näin pienten rattaiden kääntyvän hänen päässään.

Hän katsoi minua niin yllättyneenä, "Ihanko oikeasti, opettaja?"

Vastasin, "Kyllä, kultaseni, tämä on rakkautta, alapa nyt töihin."

Poika asettui aloilleen pois ystäviensä luota ja teki tasaisesti töitä koko tunnin. Tunnin loputtua menin hänen taakseen ja laitoin käteni hänen päälleen ja sanoin, "Näetkö, teet hyvää työtä kunhan aloitat. Tarvitset vain vähän apua aloittamisessa."

Haluaisin sanoa, ettei hän enää koskaan valittanut, mutta se ei olisi totta. Hän aiheutti edelleen joskus hankaluuksia, mutta siitä päivästä lähtien pystyin saamaan katsekontaktin, sanomaan hänen nimensä ja näin hänen muistavan sanat, 'Tämä on miltä rakkaus näyttää' ja hän asettui taas aloilleen.

Odottamaton siunaus minulle on, että nykyään kun huomaan itse valittavani siitä mitä Jumala on tuonut elämääni, minusta tuntuu kuin kuulisin Amman äänen sanovan minulle, 'Tiedätkö mikä todellinen ongelma on? Todellinen ongelma on, ettet vain tiedä, että tämä on miltä rakkaus näyttää!'"

Totuuden muistaminen on joskus vaikeaa, erityisesti hankalina aikoina – mutta jos voimme antautua Jumalan tahdolle ja nähdä rakkauden siinä, elämästämme tulee varmasti siunattua. Joskus ulkopuolinen maailma näyttää taistelulta, mutta Amma muistuttaa meille todellisen taistelukentän olevan sisällämme. Negatiiviset tunteet kuten pelko, viha, mustasukkaisuus ja uskon puute ovat todellisia vihollisiamme.

Amma on kuin Sri Krishna, joka ajaa vaunuamme läpi taistelun. Hän odottaa kärsivällisesti, että kääntyisimme hänen puoleensa johdatusta varten. Meidän tulisi kehittää tapaa rukoilla ja jutella Jumalalle, kehittäen sisäistä keskustelua todellisen Itsemme kanssa sen sijaan, että kuuntelisimme negatiivisia ajatuksiamme, jotka pälpättävät yrittäen johtaa meitä harhaan. Kun pysymme keskittyneinä sen sijaan, että annamme ajatustemme ja tunteidemme viedä meidät mukanaan, mielestä tulee selkeämpi ja hallitumpi. Löydämme tarvitsemamme vastaukset; ne odottavat kärsivällisesti sisällämme, valmiina kuplimaan ulos antaessamme niille tilaisuuden.

Luku 17

Todellisen dharman löytäminen

*"On olemassa ihastuttava myyttinen
luonnonlaki, jonka mukaan ne kolme
asiaa, joita eniten haluamme elämässä –
onnellisuus, vapaus ja mielenrauha – saadaan
aina antamalla ne jollekin toiselle."*

– Peyton Conway March

Todellinen dharmamme elämässä on tietää keitä olemme ja palvella muita. Haluamme kaikki hyvän tulevaisuuden – se muodostuu siitä, mitä teemme tässä hetkessä. Tämä hetki on kaikki mitä meillä on, joten tee vain hyviä tekoja nyt. Se on niin yksinkertaista. Miksi me monimutkaistamme kaikkea niin paljon?

Kunnioitettavan elämän eläminen ja ystä-vällisten tekojen tekeminen aina kun voimme on syy sille, miksi olemme täällä. On paljon tärkeämpää elää ja toimia dharmisella tavalla kuin yrittää ymmärtää alati muuttuvia ajatuksia ja tunteita. Keskitämme aivan liikaa energiaa ajatuksiemme ja tunteidemme ailahtelevaan maailmaan. Muista yksinkertaisesti, että sinusta pidetään aina huolta, äläkä tuhlaa aikaa murehtimiseen (niin pieni osa siitä mitä murehdimme todella tapahtuu); sen sijaan, että keskityt itseesi, käytä energiasi keskittymällä toisiin. Jos pyrimme elämään näiden korkeiden ihanteiden mukaisesti, löydämme rauhan.

Muistan kuinka eräänä päivänä matkustaessamme Amerikassa Amma kysyi mukanamme autossa olevalta lapselta, "Miksi olet syntynyt?"

Lapsi vastasi, "Äh, en tiedä."

Amma vastasi kysymykseen hänen puolestaan. "Tietääksesi kuka olet ja auttaaksesi toisia. Sano tämä viisi kertaa."

Joten lapsi toisti, "Tietääkseni kuka olen ja auttaakseni toisia. Tietääkseni kuka olen ja auttaakseni toisia. Tietääkseni kuka olen ja auttaakseni toisia. Tietääkseni kuka olen ja auttaakseni toisia. Tietääkseni kuka olen ja auttaakseni toisia."

"Älä ikinä unohda sitä,"Amma sanoi lapselle vakavana. Amma sanoi, että pojan tulisi sanoa se itselleen viisi kertaa päivittäin, jotta hän muistaisi sen aina.

Tämä on elämän dharma: tietää keitä olemme ja auttaa muita.

Haluamme yleensä tietää kaikkien muiden asioista, mutta harvoin tutkimme keitä itse olemme. Käännymme aina ulospäin vastausten toivossa, kääntymättä koskaan sisäänpäin; silti tuo sisäinen tutkimus on se, mistä olemassaolon matkassamme on kyse. Olemme täällä ymmärtääksemme keitä todella olemme ja miksi olemme täällä.

Istuessamme Amman edessä saatamme nauttia hänen huomiostaan hetken, mutta tämä ei ole tarpeeksi. Kokeaksemme täydellisen sisäisen rauhan, meidän tulee ansaita armo, jolla hallita mieltämme. Tämä on perimmäinen tehtävä, joka tulee hallita, mutta myös se kaikista vaikein.

Amma saattaa hymyillä meille tai vuodattaa rakkauttaan jonkin aikaa, johtaen hetkelliseen autuuteen, mutta tämä ei ole lopullinen tavoite. Tavoite on tulla kokoaikaisesti vakiintuneeksi tuohon autuuteen, mikä vaatii menemistä syvälle sisällemme, oman olemuksemme lähteeseen. Monet nuoret ihmiset tänä päivänä 'etsivät itseään', mutta jopa tuo päämäärä mielessään, useimmat päätyvät matkustamaan väärään suuntaan. Tarvitaan äärimmäisen vahva ja rohkea sielu, jotta voi matkustaa polulla kohti todellista päämäärää: todellisen Itsen, Jumalan yhteydessä olevan ikuisen Itsen löytämistä. Muistan kuinka eräänä päivänä istuin johtajuuden ryhmätyökurssilla. Paikalle oli tullut monia johtajiksi haluavia ihmisiä. Kaikki vaikuttivat erittäin innostuneilta, he halusivat kiihkeästi saada tietää salaisuuden. Kursin vetäjä puhui puhumistaan.

Suoraan sanottuna, täytyy tunnustaa, se oli mielestäni melko tylsää. Missään, mitä sanottiin ei ollut mitään mikä olisi kiinnostanut minua, ennen kuin pääsimme melkein loppuun ja mies sanoi yhden lauseen, "Selvitä mikä on lahjasi elämässä, missä olet hyvä, ja käytä sitä palvellaksesi muita." Kuullessani sen, ajattelin tämän koko tunnin olleen siellä istumisen arvoinen vain kuullakseni tuon lausahduksen.

Se todella jäi mieleeni, tämä on dharminen roolimme elämässä. Löytää kykymme elämässä ja käyttää niitä palvelemiseen. Sitä monet suuret johtajat ovat tehneet tässä maailmassa. Amman elämä on ollut sitä. Amman ollessa nuori, hän ymmärsi omaavansa kyvyn lohduttaa ihmisiä. Hän on käyttänyt elämänsä tehdäkseen juuri sitä, seuraten täysin dharmista polkuaan.

Lukemattomat ihmiset kysyvät Ammalta, "Amma, mikä on dharmani? Minkälainen seva/koulu/työ sopisi minulle?" Tärkein asia ei ole se, mitä teemme, vaan pikemminkin miten sen teemme. Asenteemme toiminnan takana on se, mikä ratkaisee. Tekemämme työn ei pitäisi määritellä keitä olemme. Ratkaisevaa on yksinkertaisesti palvella muita, kaikin mahdollisin tavoin, käyttäen kykyjämme parhaamme mukaan.

On helppoa ansaita Jumalan armo, mutta aidosti hyväksi ihmiseksi tuleminen on paljon vaikeampaa. Aina oikein tekeminen, vain epäitsekkäiden tekojen tekeminen ja muiden aina hyvällä ajatteleminen – mielessämme asuvan villin pedon kesyttäminen – on suunnaton tehtävä. Tämän ei tulisi pelottaa meitä; meidän ei tarvitse olla orjia, aina uhraten itsemme muiden puolesta. On hyvä varmistaa, että omista tarpeistamme huolehditaan ensin. Loppujen lopuksi tarvitaan uskomaton määrä heltymätöntä ponnistelua tulla aidoksi ihmiseksi. Kamppailu löytää aito 'inhimillisyys' sisältämme on elinikäinen etsintä. Tarvitaan sankarillista sielua toteuttaa tämä urotyö.

Eräs Amman oppilas kertoo seuraavan tarinan:

"Molemmat vanhempani olivat alkoholisteja. Väkivalta, huumeet ja alkoholi olivat kaikki, mitä tiesin. Aloitin juomisen varhaisteininä ja aloin käyttää huumeita pian sen jälkeen. Tuota pikaa join ja poltin joka ilta. Jatkoin tätä tapaa melkein kaksikymmentä vuotta. Olin täysin hukassa ja riippuvuuteni söivät minua. Yritin lopettaa useaan otteeseen, mutten ollut koskaan tarpeeksi vahva. Itsekkyyteni ja itseinhoni kuluttivat minua. Tunsin rauhaa vain ollessani pilvessä.

Tavatessani Amman koko elämäni muuttui. Tunsin välittömän yhteyden häneen ja hänen rakkautensa täytti minut. Tiesin heti, että hän halusi enemmän minusta kuin että tuhlaisin elämäni huumeisiin ja alkoholiin. Lopetin molemmat riippuvuudet sinä iltana kun sain ensimmäisen darshanin – olen ollut selvin päin siitä lähtien.

Katsoessani Ammaa antamassa darshania minua inspiroi niin paljon se rakkaus ja kiintymys, jota hän antaa kaikille. Hän on innoittanut minua lopettamaan tuhoisat tapani ja viettämään aikani auttaen muita sen sijaan. Juomisen sijasta vietän illat nyt vapaaehtoistyössä. Amma on ohjannut minut polulle kohti aitoa rakkautta ja sisäistä rauhaa."

On erittäin vaikeaa löytää inspiroivia roolimalleja. Tuskin kukaan elää korkeimmat aikomukset ja jaloimmat arvot omaksuttuina elämässään. Rauhan, rakkauden ja myötätunnon arvot eivät voi olla vain sanoja paperilla; meidän tulee pyrkiä ilmaisemaan niitä teoissamme. Ei riitä, että ajattelemme tekevämme suuria tekoja tulevaisuudessa. Meidän tulee tehdä töitä käsillä olevan nykyhetken eteen. Meidän ei tulisi jatkaa elämämme hukkaan heittämistä, suunnitellen tekevämme muutoksen tulevaisuudessa. Keksimme niin monia puolusteluja sille, miksi emme toimi paremmin nyt. Päästä irti 'mutta/jos vain/kun tämä kaikki muuttuu' selityksistä. Amma muistuttaa meitä, ettei tämä elämä ole kenraaliharjoitus. Se on tässä...tässä ja nyt.

Haasta itsesi toimimaan korkeimpien ihanteidesi mukaisesti (tiedät, että sinun pitäisi!) tai elämä palaa pois turhaan. Energiamme palaa loppuun niin nopeasti turhien askareiden parissa; sen sijaan, pyri palvelemaan kaikin mahdollisin tavoin. Jos voimme pitää kiinni tästä pyhästä tarkoituksesta, ansaitsemme oman mielemme armon ja löydämme sisältämme sen todellisen rauhan, jota me kaikki kaipaamme.

Myötätunnon omaaminen ei ole niin vaikeaa kuin ehkä kuvittelemme. Se on syntymäoikeutemme ja pelastava armomme. Amma antaessa lapsille ilmaista koulutusta apurahaohjelmiensa kautta, hänellä on yksi vaatimus: lasten valmistuttua ja asetuttua elämään, heidän tulisi maksaa takaisin sponsoroimalla jotakuta toista lasta, jolla ei ole rahaa jatkaa koulutustaan. Tällä tavoin Amma luo kauniin perhosvaikutuksen, jossa elämän hyvät asiat annetaan eteenpäin. Olemme saaneet niin monia siunauksia elämässämme; ilmaiskaamme kiitollisuuttamme palvelutyön kautta.

Amman viesti meille on teoriassa erittäin yksinkertainen: pyri rakastamaan kaikkia ja palvelemaan toisia, vaikka vain pienillä teoilla. Amma tekee näin jokaisella teollaan, jokaisella hengenvedollaan. Vähäisin ponnistuksin, yhdessä Amman ohjauksen ja armon kanssa, myös me löydämme hänen suunnattoman rakkautensa, joka on tavoitettavissa sisällämme.

Luku 18

Luota edes vähän

*"Sinä et ole pisara meressä. Olet
kokonainen meri yhdessä pisarassa."*

— Rumi

Kun on tehty tutkimuksia siitä kummat ovat
onnellisempia, ihmiset, jotka uskovat korkeam-
paan voimaan vai ihmiset, jotka eivät usko
mihinkään, on aina osoitettu uskovien ihmisten
olevan elämässään onnellisempia.

Kukaan ei voi pakottaa meitä uskomaan.
Usko on jotain sellaista, jota meidän tulee itse
kehittää. Jos meillä on uskoa, todellista uskoa
Jumalaan tai guruun, sitä uskoa ei voi kukaan
tai mikään järkyttää. Todellinen usko on jär-
kähtämätöntä ja muuttumatonta. Meidän tulee
kuunnella omaa sydäntämme, mieltämme ja
älyämme kehittääksemme uskoa – siihen ei
liity yhtään voimankäyttöä, se yksinkertaisesti

orastaa sisällämme kulkiessamme polulla kohti rakkautta.

Joskus ihmiset ajattelevat, 'Hei, en aio sokeasti luottaa, että Amma on guruni, joten kysyn sitä häneltä.' He tulevat Amman darshaniin ja kysyvät, "Amma, oletko guruni?" Amma on hyvin nöyrä ja myötätuntoinen. Nämä ominaisuudet virtaavat luonnollisesti hänestä. Joten kun kysymme häneltä onko hän gurumme, se ei ole ikinä ongelma. Hän ei ikinä pahastu. Hän on aina valmis tulemaan meidän tasollemme, ja sanomaan rakastavasti, "Kyllä, kyllä lapseni, olen gurusi."

Amma on suurenmoisin koskaan elänyt henkinen mestari. Jos käytämme tietoisuuttamme ja arvostelukykyämme, tämä totuus tulee ilmiselväksi. Katso, näe ja tunne hänen voimansa; pelkästään Ammasta tulevat värähtelyt ovat tarpeeksi voimakkaita näyttämään meille kuka hän todella on. Ajattele, kuinka hän on elänyt elämänsä. Hän voi todella viedä meidät pimeydestä valoon, mutta yhteistyömme ja tietoisuutemme tulee olla myös mukana.

Jotkut ihmiset voivat automaattisesti tuntea suurten sielujen jumalallisen läsnäolon, sillä heillä on henkinen perusta ymmärtää tällaisia asioita. He voivat helposti hienosäätää itsensä päästäkseen kosketuksiin valaistuneesta mestarista huokuvaan värähtelyyn. Silti monet muut eivät ehkä ole saavuttaneet tuota tasoa ja näkevät Amman vain herttaisena naisena, joka antaa mahtavia halauksia ja johtaa hämmästyttävää hyväntekeväisyysverkostoa. Viime kädessä se, mitä ihmiset ajattelevat tai sanovat hänestä ei merkitse Ammalle mitään. Hän yksinkertaisesti virtaa maailmaan kuin rakkauden voimakas joki, johtaen meidät takaisin tuon saman lähteen luokse - jos haluamme sitä seurata. Mitä päätämme tehdä hänen elämää antavalla vedellään on täysin meistä kiinni – joki yksinkertaisesti vain virtaa.

Satguru näkee menneisyyden, nykyhetken ja tulevaisuuden. Kun Amma katsoo meitä, hän tietää kaiken kaikilla eri tasoilla. Hänellä on kyky virittäytyä toisiin ulottuvuuksiin, jos siihen on tarvetta. Tämä ei tarkoita, että hän tuomitsee meitä tiedoillaan. Hän on aina ymmärtäväinen ja myötätuntoinen.

Katsoessamme Ammaa emme kykene muistamaan menneisyyttä, kertomaan tulevaisuutta tai edes olemaan nykyhetkessä enempää kuin muutaman sekunnin ajan. Katsomme häntä ja rajoittuneen kapasiteettimme takia mietimme, 'Tunteeko hän todella minut? Ymmärtääkö hän täysin mitä on meneillään?' Kyllä. Älä epäile sitä. Niin monia on siunattu suoralla kokemuksella Amman kaikkitietävyydestä.

Amman veljen ollessa teini-ikäinen, hän ei ollut koskaan kokeillut tupakointia tai juomista. Eräänä päivänä hänen viettäessään aikaa toisen lähellä asuvan nuoren kanssa, tämä ystävä houkutteli häntä kokeilemaan tupakkaa. Amman veli ei tiennyt mitä tehdä. Hän tunsi tupakoinnin olevan väärin eikä halunnut Amman saavan tietää sen houkuttelevan häntä, mutta hän oli myös hieman innoissaan ajatuksesta. Hänen ystävänsä ehdotti, "Tavataan täällä huomenna ja tuon tupakan kokeiltavaksi sinulle."

Seuraavana aamuna, Amman veljen lypsäessä lehmiä, Amma lähestyi häntä, "Poltitko?" Amma kysyi. Hän jähmettyi eikä vastannut. Amma jatkoi, "Tiedän, ettet tee sitä... joten ÄLÄ tee sitä!" Hän järkyttyi varoituksesta Amman äänessä. Vaikka hän ei ollut vielä kokeillutkaan polttamista, hän oli suunnitellut

tekevänsä niin myöhemmin sinä päivänä. Hän ymmärsi, että Amma oli etsinyt hänet sinä aamuna estääkseen häntä harhautumasta. Jälkeenpäin hän piti aina huolta, ettei käyttäytynyt huonosti tai mennyt väärään suuntaan.

Suurella osalla Amman sukulaisista ei ole paljonkaan mahdollisuuksia viettää aikaa hänen kanssaan kuten heillä oli yhdessä varttuessaan. Saattaa kulua kauan aikaa, ennen kuin Amma soittaa jutellakseen heidän kanssaan ja joskus he ovat surullisia tämän takia. Tämä samainen veli ajattelee joskus, 'En tee mitään pahaa, siksi Amma ei soita minulle. Jos tekisin jotain väärin, Amma soittaisi.' Kun hänen tekee mieli tehdä jotain mitä Amma ei hyväksyisi, hänen käytäntönsä on kertoa aina ensin mielessään Ammalle ja sitten vaimolleen.

Yhtenä päivänä hän turhautui niin paljon siitä, ettei Amma soittanut hänelle, että hän päätti vihdoinkin kokeilla tupakointia. Käytäntönsä mukaan hän kertoi ensin Ammalle, mielessään, ja kertoi sitten avoimesti vaimolleen suunnitelmastaan. Vaimo oli yllättynyt, muttei sanonut mitään. Heti seuraavassa hetkessä puhelin soi. Hän pyysi vaimoaan vastaamaan siihen. Vaimo kieltäytyi, joten hän otti puhelimen itse. Amma oli puhelimessa ja soitti pyytääkseen hänet luokseen huoneeseen. Vaikka kyseessä oli vain tyhjänpäiväinen uhkaus, että hän polttaisi, Amma soitti hänelle heti.

Tämä ei tarkoita, että meidän tulisi uhata tehdä ikäviä tekoja Amman huomion tähden, mutta se näyttää kuinka paljon hän ymmärtää meitä ja välittää meistä. Amma rukoilee aina, että käyttäytyisimme oikein. Hänen ainoa toiveensa on, että kävelemme dharmiseen suuntaan polulla kohti rakkautta.

Tässä maailmassa ei ole missään sen parempaa tarjousta kuin saada suojapaikka hänen lootusjalkojensa juurelta. Voit yrittää etsiä, mutta et tule löytämään parempaa gurua mistään tässä luomakunnassa. Amma on hiljainen sivustaseuraaja kaikessa, vuodattaen jatkuvasti armoa, autuutta ja rakkautta. Hän tarjoaa niin paljon enemmän kuin voimme edes ymmärtää.

Äiti, joka synnytti meidät pitää meistä huolta muutaman vuoden, mutta Amma lupaa tulla takaisin aikojen loppuun asti viedäkseen meidät kärsimyksestämme vapautuksen lopulliseen päämäärään. Hän ei tule pakottamaan meitä; hän yksinkertaisesti pitää meitä kädestä ja ohjaa meitä matkan varrella. Joskus, jos se on parhaaksemme, hän saattaa työntää meitä hieman eteenpäin alkaessamme epäröidä. Hän saattaa laittaa meidät kohtaamaan asioita, joita emme haluaisi kohdata, mutta hänen rakkautensa voima on niin vahva, että se voi auttaa meitä voittamaan kaikki eteen mahdollisesti tulevat haasteet.

Ihmiset ovat haavoittuneet niin monenlaisten elämänkokemuksien kautta. Rakkaudella on parantavampi vaikutus kuin millään muulla tässä maailmassa. Tätä Amma tarjoaa.

Amma on oman todellisen Itsemme ruumiillistuma. Hän on jo täysi ja kokonainen. Hän ei tahdo mitään keneltäkään, mukaan lukien rakkautta ja antaumusta. Totuus on, että me tarvitsemme häntä. Me olemme niitä, jotka hyödymme uskostamme Ammaan. Hänen rakkautensa ja johdatuksensa tuovat vain iloa elämiimme.

Joka ikisellä Amman lapsella on uskomattomia tarinoita kokemuksistaan Amman kanssa, mutta me unohdamme ne niin nopeasti. Kuuntelemme ailahtelevaa mieltämme ja ailahtelevia ihmisiä. Ajattelemme, 'Ei, ehkä Amma ei ole valaistunut: hänellä on suosikkeja; hän ei katso minuun ollenkaan; hän puhuu tuolle henkilölle koko ajan!' Tai joku muu hölmö tekosyy. Ammaa ei voi vetää mukaan esittämiimme draamoihin, vaikka siltä se voi ajoittain näyttääkin. Hän saattaa reagoida erilaisiin tilanteisiin, ilmaista erilaisia tunteita kuten surua tai vihaa; mutta sisäisesti hän pysyy vakaana.

Amma on täysin vakiintunut perimmäiseen ymmärrykseen; hän kokee aina Jumalan luontaisena osana jokaista tämän luomakunnan atomia. Vapautuminen on ylhäinen mielentila. Siksi sanotaan, ettei meidän tulisi koskaan arvostella mestaria – heidän mielensä toimii eri tavalla kuin meidän. Kun sallimme itsemme pysähtyä ja tarkkailla Ammaa objektiivisesti, totuudesta tulee ilmiselvä: Amma on yksinkertaisesti puhtaan rakkauden ruumiillistuma.

Rakkautta ei voi paeta. Ennemmin tai myöhemmin meidän kaikkien tulee antautua tälle totuudelle ja muuttua itsekin rakkauden ruumiillistumiksi.

Amma on rakkauden lähettiläs, aidon voiman ja epäitsekkyyden ilmentymä ja hän on täällä tuodakseen meidät pimeydestä valoon. Hän on tullut muistuttamaan meitä siitä, keitä todella olemme.

Merkittävin Ammalta oppimani asia on, että rakkauden voima on todellakin vastaus kaikkeen.

www.ingramcontent.com/pod-product-compliance
Lightning Source LLC
Chambersburg PA
CBHW060208070426
42447CB00035B/2823